Gramática: nunca mais

Luiz Carlos de Assis Rocha

Gramática: nunca mais
O ensino da língua padrão sem o estudo da gramática

SÃO PAULO 2007

Copyright © 2007, Livraria Martins Fontes Editora Ltda.,
São Paulo, para a presente edição.

1ª edição 2002
Editora UFMG
2ª edição 2007

Acompanhamento editorial
Helena Guimarães Bittencourt
Revisões gráficas
Ivani Aparecida Martins Cazarim
Solange Martins
Dinarte Zorzanelli da Silva
Produção gráfica
Geraldo Alves
Paginação
Moacir Katsumi Matsusaki

Dados Internacionais de Catalogação na Publicação (CIP)
(Câmara Brasileira do Livro, SP, Brasil)

Rocha, Luiz Carlos de Assis
 Gramática : nunca mais : o ensino da língua padrão sem o estudo da gramática / Luiz Carlos de Assis Rocha. – 2ª ed. – São Paulo : WMF Martins Fontes, 2007.

 Bibliografia.
 ISBN 978-85-60156-42-9

 1. Português – Gramática I. Título.

07-3586   CDD-469.5

Índices para catálogo sistemático:
1. Gramática : Português : Lingüística   469.5

Todos os direitos desta edição reservados à
Livraria Martins Fontes Editora Ltda.
*Rua Conselheiro Ramalho, 330 01325-000 São Paulo SP Brasil
Tel. (11) 3241.3677 Fax (11)) 3101.1042
e-mail: info@martinsfontes.com.br http://www.wmfmartinsfontes.com.br*

Este livro é dedicado a todos os professores de Português deste País, principalmente aos de 5.ª a 8.ª séries, meus colegas de angústia, sofrimento e inquietação.

Agradecimentos

Aos meus alunos de graduação e pós-graduação – *stricto* e *lato sensu*, tanto da Faculdade de Letras da UFMG como de outras faculdades, e a todos que me incentivaram a publicar este livro.

"Difícil não é arranjar idéias novas, mas fugir das antigas."
John Maynard Keynes

"As convicções são mais inimigas da verdade do que as mentiras."
Friedrich Nietzsche

"É a língua e não o solo que constitui o meio e o lugar de nosso enraizamento num povo, numa nação, numa pátria."
Fernando Pessoa

O NOVO

O anseio…
A vontade de aprender,
O excesso de perguntas
E, às vezes, de silêncio.
O medo do **novo** assustador.
A resistência
O conflito
As decepções diante do inexplicável
A desorganização dos antigos conceitos.
O surgimento de novas perguntas…
A insistência
O cansaço
A reclamação
As RESPOSTAS…
Organizam-se as idéias,
Entende-se a *proposta*.
Agora, sim!
Podemos partir para um novo mundo
Recheado de conhecimentos diferentes.

Telma Eliane Medeiros de Souza
Aluna do Curso de Pós-Graduação em Lingüística
Aplicada ao Ensino de Português
Unimontes, janeiro de 2001

Sumário

INTRODUÇÃO 15

CAPÍTULO 1 · Educadores e professores 21

CAPÍTULO 2 · O professor-mosaico 25

CAPÍTULO 3 · Que "português" ensinar? 31

CAPÍTULO 4 · O que é língua padrão? 41

CAPÍTULO 5 · Como conciliar a língua padrão, a língua literária
e o dialeto do aluno? 53

CAPÍTULO 6 · O ensino da língua padrão 61
   6.1 O ensino da língua padrão deve ser feito de maneira eficiente, organizada e sistemática 63
   6.2 O estudo da gramática é prejudicial aos alunos 66
      6.2.1 Saber português e saber gramática 67
      6.2.2 Gramática e raciocínio lógico 70
      6.2.3 Necessidade de um estudo autêntico e coerente da gramática no ensino fundamental 72
      6.2.4 A incorporação dos termos gramaticais à fala comum do indivíduo 76
      6.2.5 O estudo da "gramática essencial" 77
      6.2.6 A gramática e o conhecimento reflexivo da língua 78
      6.2.7 A "gramática do texto" 79

6.2.8 *A necessidade do estudo da gramática por causa dos vestibulares, concursos públicos, programas das escolas, secretarias de educação e planos nacionais de ensino* 81
6.3 *A real utilidade do estudo da gramática* 83
6.4 *De que maneira é possível ensinar português padrão com eficiência e organicidade "sem" o auxílio da gramática?* 84

CAPÍTULO 7 · A prática da língua padrão 85
7.1 *As bases teóricas da PLP* 86
7.2 *A Prática da Leitura (PL) e a Prática da Escrita (PE)* 93

CAPÍTULO 8 · Os exercícios em língua padrão (ELP) na prática da sala de aula 113

CAPÍTULO 9 · Modelos de "lições de português" 161

CAPÍTULO 10 · A importância das outras disciplinas para o ensino do português padrão 193

CAPÍTULO 11 · O ensino de português no curso médio 199

CAPÍTULO 12 · O ensino de português no curso superior 203
12.1 *Estudo da estrutura interna da língua portuguesa* 208
12.2 *Posturas, crenças e atitudes* 209
12.3 *Conteúdos dos cursos fundamental e médio* 213

CONCLUSÃO 219

REFERÊNCIAS BIBLIOGRÁFICAS 223

Introdução

Caro Colega, professor de Português!
Em *Por que (não) ensinar gramática na escola*, Possenti (1997, p. 17) apresenta uma afirmativa que tem servido como um dos pontos de inspiração para o que é proposto neste trabalho: "Talvez deva repetir que adoto sem qualquer dúvida o princípio (quase evidente) de que *o objetivo da escola é ensinar o português padrão*. (...) Qualquer outra hipótese é um equívoco político e pedagógico" (grifo do autor).

Com base no raciocínio que o próprio autor desenvolve em seu trabalho, em posições de outros especialistas e em nossa experiência no magistério do curso fundamental e médio, estamos, neste trabalho, ampliando a proposta de Possenti e afirmando que *o objetivo primordial da escola é ensinar o português padrão*. À escola cabe desenvolver as diversas competências lingüísticas e comunicativas do aluno, nos mais variados registros, níveis, circunstâncias e aplicações, para que o indivíduo se torne, na expressão de Evanildo Bechara, "um poliglota dentro de sua própria língua".

O objetivo primordial da escola é, portanto, ensinar a língua padrão. Parece estar havendo um equívoco com certos professores de Português e mesmo com determinados autores que tratam do assunto, com relação ao tipo de linguagem que se deve ensinar na escola. Com o intuito de tornar o ensino da língua materna mais *soft* e mais *light*, alguns professores se deixam levar pelo charme e pelo *glamour* da linguagem criativa, literária e privilegiam o aspecto recreativo, lúdico e artístico da linguagem, chegando mesmo, muitas vezes, a negligenciar ou desdenhar o ensino da língua padrão. O argumento utilizado é sempre o mesmo: as aulas de Português são maçantes, estéreis, cansativas – é preciso fugir da rotina, da mesmice... Em outros casos, com o mesmo objetivo, os professores preferem privilegiar o estudo da linguagem que o aluno traz de casa. Imagine, meu caro Colega, se um professor de Matemática declarasse que não iria mais ensinar as operações fundamentais, os números inteiros e fracionários, a porcentagem e a equação de primeiro grau, com o intuito de fugir da mesmice. E o que dizer de professores de Geografia, História, Ciências Naturais e Inglês que adotassem a mesma postura?

Este trabalho pretende, portanto, desenvolver essa idéia básica, de que o objetivo primordial da escola é ensinar a língua padrão, sem se esquecer, contudo, de outras manifestações da linguagem. Essa posição, que será muito discutida nas páginas que se seguem, se baseia em argumentos de ordem pragmática e está relacionada com a realidade insofismável do mundo competitivo em que vivemos: ao sair da escola fundamental, média ou superior, a imensa maioria dos indivíduos vai precisar é da língua padrão – falada ou escrita – para ingressar no mercado de trabalho ou para se tornar um cidadão engajado na sociedade em que vive. Para esse cidadão, de quase nada vai adiantar o estudo descritivo da língua que ele usa em casa ou o estudo de textos literários. Mais uma vez é Possenti (1997, p. 19) quem afirma: "... pode-se excluir a produção de textos literários dos objetivos da escola, já que literatos certamente não se fazem nos bancos escolares..." Embora concordemos com Possenti sob esse aspecto, porque, de fato, não é objetivo da escola ensinar a língua literária, defenderemos o ponto de vista de que o ensino de Português deve *incentivar* a leitura literária, por motivos que serão expostos no seu devido momento.

Se defendemos que o objetivo primordial da escola é ensinar a língua padrão, isso não quer dizer que o aprendizado dessa modalidade de língua deva ser feito através do estudo da gramática. Defenderemos, nas linhas que se seguem, de maneira clara, transparente e cristalina, a posição de que a gramática não só não é necessária ao aprendizado da língua padrão, como também de que ela é prejudicial ao ensino de Português. É necessário que se adote uma postura incisiva com relação a esse assunto e não se faça como certos autores, que condenam, renegam e execram a gramática, mas não conseguem se livrar de suas amarras e não apresentam alternativas viáveis ao estudo da língua materna sem o jugo da gramática. Este trabalho pretende fazer exatamente isso: apresentar um método funcional e exeqüível para o aprendizado do Português – principalmente da língua padrão – sem que se recorra ao estudo da gramática explícita.

A questão que estamos discutindo – o peso da gramática na tradição cultural de um povo – nos remete a uma outra consideração: o fato de as pessoas considerarem que há três livros "sagrados" que devem permanecer intocados por toda a eternidade: a Bíblia, a Constituição e a Gramática! Contrariar a Gramática – e, principalmente, renegá-la – seria considerado como uma apostasia ou um crime de lesa-pátria! Como afirma Marcos Bagno, "os compêndios gramaticais se transformaram em livros sagrados, cujos dogmas e cânones têm de ser obedecidos à risca para não se cometer nenhuma 'heresia'" (BAGNO, 2000b, p. 64). Como se, ao banirmos a gramática formal da escola, estivéssemos renegando a nossa língua, dois fenômenos ou instituições independentes, como veremos no decorrer deste trabalho. Por ora, basta constatar que a maioria absoluta dos brasileiros fala a língua portuguesa sem conhecer a gramática formal: nem por isso deixamos de possuir ou usar uma língua.

Se nos é permitida uma outra comparação, diremos que a relação entre o estudo da língua e o estudo da gramática é mais ou menos como a união entre duas pessoas e o casamento formal. Durante muito tempo, acreditou-se que essa união só poderia ser feita com o casamento formal; hoje em dia, observa-se, cada vez mais, o descomprometimento entre uma coisa e outra. A união entre duas pessoas, para ser bem-sucedida e estável, não depende de acordo formal. Uma outra comparação pode ser feita, quando pensamos na questão da procriação e da atividade sexual. Durante séculos, acreditou-se – sob a influência da tradição escolástica – que se tratava de atividades indissolúveis. Hoje, após o surgimento dos métodos contraceptivos, principalmente da pílula anticoncepcional, pode-se dizer que se trata de atividades distintas. Neste trabalho defenderemos a posição de que o aprendizado da língua padrão e o estudo da gramática são duas atividades distintas. O que parece ter acontecido é que, na Antigüidade Clássica, os gregos, com seu espírito logicizante, habituados a apresentar teorias a respeito de tudo, passaram também a filosofar a respeito da linguagem, sem qualquer intuito de condicionar o uso da língua ao aprendizado da gramática. Tanto isso é verdade que grandes obras literárias foram escritas bem antes do surgimento da gramática grega. Mas, com o passar do tempo, principalmente a partir do Renascimento, o mundo ocidental passou a valorizar a cultura greco-latina, identificando o aprendizado das línguas clássicas com o estudo da gramática. Essa indissolubilidade é compreensível e justificável no que se refere a esses idiomas, em que se procede ao estudo de uma língua não-natural, literária, extremamente difícil, mas não faz sentido no aprendizado da língua materna, quer se trate da modalidade coloquial ou erudita, em que se tem como objetivo o seu uso, não o seu estudo.

Gostaríamos de realçar, nestas linhas introdutórias, a importância fundamental que adquire para o desenvolvimento da nossa proposta a prática da leitura e da escrita. Essas atividades é que moldarão os "ouvidos" dos alunos e os habituarão ao contato constante com os mais diversos tipos de texto em língua portuguesa, além, é lógico, de servirem como um conduto para o desenvolvimento do pensamento reflexivo e da criatividade. As falhas metodológicas e as omissões deste projeto serão, certamente, salvas pelo contato constante com o texto. Devemos, porém, deixar claro que a nossa preocupação básica neste livro está relacionada com o papel ou o não-papel da gramática na escola e o aprendizado da língua padrão. Como veremos, a simples exposição do aluno a textos e a prática da redação não são suficientes para "garantir" ao aluno o domínio da língua padrão.

Essa nossa preocupação com o papel da gramática nas aulas de Português se justifica por alguns motivos. Hoje em dia, nos meios universitários, há muitas publicações, palestras, cursos e congressos a respeito da leitura e da escrita, mas a Universidade tem se omitido ou tem feito poucas referências ao ensino da gramática e da língua padrão nas escolas. Pode-se mesmo notar um certo preconceito com relação a esse assunto em alguns meios universitários. Em conseqüência disso, o que se nota é que, nas escolas, a gramática "está sendo empurrada com a barriga". Nem, de um lado, há estudos consistentes, viáveis e convincentes a respeito de sua aplicação efetiva nas aulas de Português, nem, de outro, encontram-se alternativas funcionais ao ensino da língua materna sem o auxílio da gramática. Em alguns casos, a gramática, ou bem ou mal, ou de uma maneira ou de outra, simpática ou antipaticamente, vem sendo adotada nas escolas, com as mais diversas denominações, muitas vezes para camuflar a inoperância de sua aplicação: gramática funcional, essencial, textual, de uso, etc.

É relativamente fácil apontar falhas ou "furos" no ensino de Português, do mesmo modo como é fácil apontar problemas e contradições no estudo da gramática. O difícil é apresentar métodos coerentes, eficazes e funcionais do ensino da língua materna. Mais difícil ainda é demover alguns professores de Português, bem como as pessoas de um modo geral, de determinadas posições. Como afirma Nietzsche, "as convicções são mais inimigas da verdade do que as mentiras".

Este trabalho não pretende apenas destruir mitos, com relação ao ensino de Português e de gramática, o que tem sido feito com certa freqüência por estudiosos do assunto (HAUY, 1983; PERINI, 1985; LUFT, 1993; DILLINGER, 1993; TRAVAGLIA, 1996; POSSENTI, 1997; BAGNO, 2002, entre outros). Ele pretende apresentar um método de ensino de Português, que seja ao mesmo tempo simples, claro, concreto, objetivo, eficiente e funcional, além de estar alicerçado, a nosso ver, em bases teóricas convincentes. Reconhecemos que esse é um objetivo pretensioso de nossa parte, mas, no que se refere ao ensino de Português, devido à confusão reinante, é preciso explicitar os objetivos de maneira muito clara.

A proposta que pretendemos apresentar neste livro, que é dirigida especialmente ao ensino da língua materna no curso fundamental – embora se preveja também essa questão no curso médio –, está baseada nos seguintes princípios fundamentais:

a) É preciso garantir ao aluno a liberdade de expressão lingüística;
b) É preciso garantir ao aluno o domínio da língua padrão.

Por detrás desses princípios aparentemente tão simples, existe um mundo de crenças, posturas, filosofias, teorias, técnicas e metodologias que pretendemos apresentar neste trabalho. Logo de início deparamos com algumas perguntas importantes relacionadas com os itens que acabamos de apresentar:

a) Por que é preciso garantir ao aluno a liberdade de expressão lingüística? Como isso deve ser feito?
b) Por que é preciso garantir ao aluno o domínio da língua padrão? Como isso deve ser feito?

É preciso considerar também que existe uma questão anterior a tudo isso. Trata-se da contradição inerente aos princípios expostos: como conciliar o uso libertário da expressão lingüística (letra a) com o emprego regulamentado, ortodoxo e tradicional da língua padrão (letra b)?

É o que pretendemos discutir nas páginas que se seguem. Como se verá, neste trabalho apresentaremos uma proposta concreta sobre o ensino do Português, proposta essa que denominaremos de Método GNM (Gramática: Nunca Mais).

Capítulo 1
EDUCADORES E PROFESSORES

A primeira consideração que gostaríamos de fazer a respeito do Professor de Português (doravante, simplesmente, PP) está relacionada com a dupla função que caracteriza a sua profissão: de um lado, o papel do "educador", uma condição inerente ao professor de qualquer disciplina; de outro, o PP, com as tarefas e habilidades específicas do ensino da língua materna.

O papel do educador é mais geral e mais profundo. Está relacionado com a própria condição do ser humano. É de se supor que todo professor cultive, preserve e transmita aos seus alunos os valores básicos da nossa cultura e da nossa sociedade, tais como a defesa da democracia, o exercício pleno da cidadania, o apreço pelo ser humano, a aversão aos preconceitos, o respeito aos símbolos nacionais, a preocupação com o meio ambiente, o combate à violência, etc. Observe-se que essas posturas não se aprendem nos bancos das faculdades, nem mesmo nos livros escolares, mas brotam do convívio com os familiares, amigos e colegas, do contato com os nossos professores, da convivência com os alunos, da leitura de obras escolhidas, enfim, da interpretação do mundo, da vida e da sociedade que um educador deve ter. Observe-se, no entanto, que o mais importante de tudo isso não é simplesmente que a escola e o professor "transmitam" aos alunos essas posturas, mas que saibam instaurar na mente e no coração desses alunos posturas críticas, liberdade de raciocínio, capacidade de avaliação, tolerância às inovações, etc. Britto (1997, p. 23) resume a questão da seguinte maneira:

> ... o papel fundamental da escola regular deve ser o de permitir a emergência de sujeitos críticos, capazes de investigar, descobrir, articular, aprender, em suma, capazes de, a partir de objetos do mundo conhecidos, estabelecer uma relação inusitada entre eles. (...) ... o papel da educação formal regular na sociedade industrial moderna seria o de garantir ao estudante o convívio constante e progressivo com textos e outros materiais cognitivos que ampliem seu universo de referências, propiciando-lhe familiaridade crescente com expressões culturais e científicas cada vez mais complexas. Supõe-se que (...) o aluno possa desenvolver-se social e intelectualmente, formar juízo e crítica, experimentar a liberdade de pensamento.

Observe-se, portanto, como afirma Britto, que esse é o papel da escola e de todo e qualquer professor. Qual seria a tarefa específica do PP?

O PP tem como objetivo específico ensinar Português aos alunos. É claro que não é tarefa fácil definir o que se entende por "ensinar Português" – uma questão que vamos discutir amplamente neste trabalho –, mas ninguém nega que o PP tenha uma tarefa específica, assim como o professor de Matemática, que, a par de sua condição de educador, tem a tarefa específica de ensinar Matemática, o mesmo acontecendo com os professores de Geografia, História, etc.

Do exposto, podemos tirar algumas conclusões preliminares: o professor de Matemática, de Geografia ou de Educação Física é tão "educador" quanto o PP, tarefa que executa através dos contatos extramatéria com os alunos. O que queremos frisar, com toda clareza, é que a tarefa precípua do PP é ensinar Português. A tarefa de "fazer a cabeça" do aluno ou de fazer o aluno pensar está relacionada com o PP, sim, mas também com a escola como um todo, ou seja, com o conjunto das disciplinas, através de seus professores, com o contato com os diretores, supervisores, orientadores, funcionários e com os próprios colegas.

Tal colocação se faz necessária, porque certos PP, julgando que a tarefa de ensinar a pensar é específica da nossa disciplina, adotam posições um tanto teóricas e descaracterizadas com relação ao ensino de Português, como podem sugerir estas palavras de Bechara (1985, p. 8), se não forem corretamente interpretadas: "A linguagem não é apenas uma 'matéria' escolar entre as outras, mas um dos fatores decisivos ao desenvolvimento integral do indivíduo e, seguramente, do cidadão." Embora verdadeiras em si, elas podem levar o professor a passar todo o curso fundamental preocupado apenas em ensinar o aluno a pensar, através, por exemplo, da leitura e produção de textos – o que em si é importante –, mas o PP freqüentemente se esquece de dotar o aluno da capacidade de adequar a sua língua às mais diversas circunstâncias, principalmente ao emprego formal do idioma (como exige a sociedade em que vive), o que lhe será útil por toda a vida, como pretendemos demonstrar neste trabalho.

> PRINCÍPIO N. 1
> É preciso distinguir a condição de educador da tarefa específica do PP.

Essa distinção *educador/professor* corresponde à antiga distinção entre *objetivos educacionais* e *objetivos operacionais*, já conhecida em Pedagogia, como afirma Carravetta (1991, p. 15):

> Os objetivos educacionais se constituem em objetivos amplos, as grandes metas, que revelam a filosofia de educação adotada. Eles descrevem o tipo de homem que querem formar ao longo alcance. Os objetivos operacionais se referem, no processo educativo, ao que tange à situação própria de cada momento do ensino-aprendizagem (portanto, objetivos a curto prazo).

A esse propósito, é interessante observar a posição de Rubem Alves (1987, p. 11) sobre o assunto:

> Educadores, onde estarão? Em que covas terão se escondido? Professores há aos milhares. Mas professor é profissão, não é algo que se define por dentro, por amor. Educador, ao contrário, não é profissão; é vocação. E toda vocação nasce de um grande amor, de uma grande esperança.

Capítulo 2
O PROFESSOR-MOSAICO

Um dos principais problemas do ensino de Português está relacionado com a indefinição de objetivos dessa disciplina no curso fundamental. Como conseqüência, as aulas de Português apresentam uma multiplicidade de tarefas, nas quais, muitas vezes, é difícil encontrar uma organicidade que justifique a sua aplicação. Não que o ensino de Português deva se reduzir a umas poucas tarefas ou se basear exclusivamente em uma modalidade específica de língua (como a língua padrão, por exemplo!). Não, longe disso! O que propomos é que as inúmeras atividades obedeçam aos princípios teleológicos e demonstrem organicidade, sistematização e eficiência em sua aplicação.

Na verdade, temos visto cursos que são verdadeiras colchas-de-retalho. Isso, porque, não estando claro quais são os objetivos do ensino de Português, o PP, na dúvida, vê-se na obrigação de dar "de tudo" para o seu aluno e – o pior – de maneira desorganizada.

O problema começa com os textos a serem interpretados e com as atividades relacionadas com a produção da escrita e da fala. Que tipos de texto estudar? Todos? Textos técnicos, científicos, poesias, contos, relatórios, letras de música, reportagens, propagandas comerciais, cartas comerciais, crônicas, etc.? Isso sem falar na linguagem oral – no dialeto do aluno, nos vários tipos de língua falada coloquial, na língua falada culta, etc. Digamos que sim, que o aluno deve conhecer todo tipo de texto. Afinal, o PP deve se preocupar com a competência comunicativa do aluno como um todo, ou, se quisermos, com as suas diversas competências lingüísticas. Essa tem sido, aliás, a preocupação dos autores que tratam do assunto, como se constata pelas afirmativas de Bechara (1985, p. 40) e de Travaglia (1996, p. 17), respectivamente: "... podemos dizer que o objetivo precípuo da escola consiste na formação, aperfeiçoamento e controle das diversas competências lingüísticas do aluno"; "... o objetivo de ensino de língua materna é prioritariamente desenvolver a competência comunicativa..." É por demais conhecida a posição de Bechara (1985, p. 14), que defende a idéia de que "no fundo, a grande missão do professor de língua materna (...) é transformar seu aluno num poliglota dentro de sua própria língua..."

O que se critica aqui não é o fato de o PP ter que "formar, aperfeiçoar e controlar as diversas competências lingüísticas do aluno", como propõe Bechara, mas o fato de o professor executar essa tarefa de maneira desordenada, causando confusão na cabeça do estudante. De fato, é justo misturar um "prosoema" de Guimarães Rosa com um relatório de biologia, uma carta comercial com uma "letra" de Caetano Veloso, uma redação de aluno com um texto técnico, e assim por diante, formando-se uma verdadeira "salada textual" na cabeça do discente? Deve o aluno ser capaz de escrever tanto relatórios como textos literários, tanto cartas comerciais como poemas, tanto diálogos na língua falada culta como no seu próprio dialeto? Que o faça, mas, como já propunha Aristóteles, de maneira lógica, sistemática, organizada.

As preocupações do PP não param por aí. E o ensino da gramática? É de fato necessário para o aprendizado do português? Se o docente acha que sim, lá está ele desdobrando-se para explicar a teoria gramatical e para corrigir os exercícios aplicados! Se ele acha que não, lá está ele, da mesma maneira, desdobrando-se para cobrir as lacunas deixadas pela ausência da teoria gramatical.

Os PP também não se esquecem da leitura extraclasse. Haja tempo e disposição para: 1 – escolher o livro adequado (tendo lido "algumas" obras antes, é claro!); 2 – promover uma discussão em sala sobre o livro; 3 – passar uma prova em sala para a verificação da leitura; 4 – mandar os alunos preencherem uma ficha bibliográfica; 5 – se possível, convidar o autor para um debate com os alunos!

Ainda há a necessidade de mandar os alunos lerem jornais e é preciso cobrar essa tarefa semanalmente! Isso sem falar no jornalzinho da escola, que normalmente é dirigido pelos mestres do vernáculo. Também há os concursos de redação, de poesia e de cartazes, que são, via de regra, organizados pelos PP. Não podemos nos esquecer dos debates sobre filmes e peças de teatro vistos pelos alunos. Tudo isso é importante para o aluno? Certamente que sim! Mas essas atividades têm que obedecer a alguns princípios de organização, sem o que é impossível dar aulas de Português. E o pior de tudo é que, muitas vezes, apesar de todas essas atividades, os PP não conseguem alcançar a realização de um objetivo aparentemente simples e imediato: garantir que o aluno, ao final da oitava série, consiga ler e escrever duas páginas de maneira correta e eficiente.

Para se ter uma idéia do variadíssimo leque de atividades que podem ser aplicadas nas aulas de Português, basta que se consulte o livro de Carravetta (1991), em que se propõem algumas atividades, além das já tradicionalmente aplicadas aos alunos: jornal teatro, jornal falado, jornal impresso, dramatização, jogral, coro falado, confecção de cartazes e de folhas murais, criação de histórias em quadrinhos, reconstrução de livros, fantoches, etc.

Como dissemos anteriormente, as diversas tarefas que mencionamos podem ser importantes em uma aula de Português, mas não devem ser aplicadas de maneira desordenada, pois isso pode provocar confusão na cabeça do aluno. É muito comum o discente dizer ao escrever o seu texto: "– Se Carlos Drummond de Andrade escreve assim, por que eu também não posso?" Qual deve ser a posição do PP com relação a perguntas como essa?

Não se pense que essa confusão só se dá na cabeça de aluno. Ela também está presente em textos de professores, escritores, lingüistas, etc., que não estabelecem a necessária distinção, por exemplo, entre *língua padrão, língua literária* e *língua falada*. Nas linhas que se seguem são citadas algumas passagens de especialistas no assunto que não fazem a necessária distinção entre linguagem formal e informal. É o que se lê, por exemplo, em Pontes (1987, p. 9): "Por que o aluno não pode usar um meio de expressão que o poeta utiliza? Por que podar quem não é escritor consagrado, por puro preconceito? (...) Se ele sabe usar a língua para falar, por que não saberá usá-la para escrever?" É evidente que o aprendizado e o uso da língua escrita requerem técnicas e registros especiais.

Citado por Luft (1993, p. 14), o escritor Luis Fernando Verissimo afirma na crônica "O gigolô das palavras": "Escrever bem é escrever claro, não necessariamente certo." Verissimo tem toda a razão com relação à escrita artística, literária. Mas a escrita burocrática, administrativa, técnica e científica exige que se escreva certo, como, por exemplo, neste texto que você, caro Leitor, está lendo neste momento.

Observem-se ainda estas palavras de Possenti (1997, p. 39): "O que estou sugerindo é que, de fato, devemos considerar formas como 'assistir *ao jogo*' como arcaísmos e, conseqüentemente, formas como '*assistir o jogo*' como padrões, 'corretas'." Será que o autor se refere a arcaísmos da língua oral? Na verdade, a língua jornalística e técnica usa, em sua maioria esmagadora, a regência tradicional, *assistir ao jogo*, conforme pesquisas já realizadas (ROCHA, 1999).

Bagno (2000a, p. 36) também não estabelece distinção entre o emprego do verbo *assistir* (= estar presente) na língua formal escrita e na língua informal falada:

> O professor pode mandar o aluno copiar quinhentas mil vezes a frase: "Assisti ao filme". Quando esse mesmo aluno puser o pé fora da sala de aula, ele vai dizer ao colega: "Ainda não assisti o filme do Zorro!" Porque a *gramática brasileira* não sente necessidade daquela preposição *a*, que era exigida na norma clássica literária, cem anos atrás, e que ainda está em vigor no português falado em Portugal, a dez mil quilômetros daqui! É um esforço árduo e inútil, um verdadeiro trabalho de Sísifo, tentar impor uma regra que não encontra justificativa na gramática intuitiva do falante.

Observe-se esta passagem de Couto (1994, pp. 28-9), em que também não se estabelece a distinção entre o que se diz e o que se escreve:

> Se abrirmos uma gramática no capítulo que trata deste assunto e o observarmos criticamente, verificaremos que mais de 60% das regências ali apresentadas são antiquadas, ou seja, não são mais usadas na linguagem viva. Dentre elas, pode-se citar "visar a" (ter por objetivo), "aspirar a" (desejar), "assistir a" (presenciar). Assim o certo seria:
>
> a) Estudo visando a subir na vida;
> b) Aspiro a um futuro tranqüilo;
> c) Assisti a um bom filme ontem
>
> em vez de:

a) Estudo visando subir na vida;
b) Aspiro um futuro tranqüilo;
c) Assisti um bom filme ontem

como todo mundo diz.

Em Britto (1997, pp. 67-8), a indefinição permanece, pois não se faz a necessária distinção entre língua formal e língua literária:

> A freqüência da ocorrência em textos escritos formais, literários e não literários, de frases iniciando com pronomes átonos enfraquece o poder normativo, criando antes um caso de variação de estilo do que propriamente uma transgressão.

Em seguida, Britto, para comprovar o seu ponto de vista, apresenta dois exemplos apenas, sendo um de autoria da lingüista Eunice Pontes, que é conhecida nos meios acadêmicos por usar deliberadamente em seus trabalhos escritos um tipo de linguagem mais informal e o outro da escritora Rachel de Queiroz, que também usa uma linguagem mais livre em seus artigos. Ora, pesquisas comprovam que na linguagem formal, ou seja, na linguagem técnico-científica, burocrática e jornalística não se inicia frase com pronome oblíquo, na imensa maioria dos casos (LIMA, 2003).

Colocações como essas que acabamos de fazer, se não forem bem analisadas, podem causar confusão na cabeça do aluno. Para finalizar, vejamos este relato feito por Luft (1993, p. 21), que pode levar a interpretações errôneas:

> Lembro um de meus filhos, nos primeiros anos do 1º. Grau, fazendo uma redação com grande alegria, relatando uma aventura imaginária numa fazenda. Mas lá veio a gramática do professor. Entre outras correções impiedosas em vermelho, o professor riscara a frase: "Os amigos nunca tinham conseguido visitar toda ela" (a fazenda). À margem, também em vermelho, o professor "corrigira": "Os amigos nunca a tinham conseguido visitar totalmente..."

É evidente que tal correção não faz sentido em um texto literário, em que deve existir liberdade de expressão. É o que se supõe a respeito da redação feita pelo filho do professor, já que ela foi feita "com grande alegria, relatando uma aventura imaginária numa fazenda". Mas em um texto técnico ou científico, esse tipo de correção é necessário, mesmo porque ninguém redige um memorando ou um laudo técnico "com grande alegria, relatando algo imaginário..."

Um reflexo dessa posição individualista e populista com relação ao ensino da língua portuguesa pode ser encontrado nestas palavras de Luft (1993, p. 66), que, se forem mal interpretadas, poderão levar o professor a prescindir do ensino da língua padrão: "A LÍNGUA É NOSSA! – assim deveria chamar a consciência dos alunos e falantes em geral [...] Não é propriedade privativa de gramáticos ou lingüistas, professores, doutores ou escritores. Cada falante tem direito de proclamar: – A LÍNGUA É MINHA!" É evidente que, em se tratando de linguagem informal – literária ou não –, o indivíduo poderá (até certo ponto) usar o seu instrumento de comunicação da maneira como quiser. Mas, em se tratando de emprego formal, a sociedade nos impõe um modelo de língua relativamente bem definido. É o que, repetimos, o autor destas linhas usa neste trabalho, por exemplo.

O que pretendemos com este capítulo é chamar a atenção para o fato de que é necessário delinear com clareza os objetivos do ensino da língua materna, pois, como estamos procurando demonstrar, se há muitos desencontros nas cabeças dos professores, o que não se dirá nas cabeças dos alunos!

Neste trabalho, vamos tentar organizar os conteúdos das aulas de Português, bem como sugerir os métodos adequados para o seu ensino, a fim de que essas aulas sejam realmente úteis e indispensáveis aos alunos. Esperamos também que o PP possa enxergar com mais clareza os objetivos do ensino de Português. Desse modo, caro Colega, o ensino e o aprendizado da nossa disciplina se tornarão mais agradáveis, úteis, racionais e eficientes.

Capítulo 3
Que "português" ensinar?

Dissemos que o papel do PP – e não do educador – é ensinar português. Mas a primeira pergunta que se coloca é: que "português" ensinar? Sabemos que uma língua se manifesta através das mais diversas modalidades e apresenta um sem-número de denominações: padrão, culta, científica, técnica, informativa, jornalística, literária, popular, coloquial, escrita, falada, formal, informal, tensa, distensa, etc. Como deve o PP se conduzir nessa terminologia confusa e nesse emaranhado de manifestações lingüísticas?

Apesar de todas as dificuldades em delimitar o campo de trabalho, vamos defender a idéia de que é possível sintetizar a questão em dois tipos de linguagem: a língua padrão e a língua não-padrão. Por ora, vamos insistir um pouco mais nessa idéia de que o ensino de Português deve se preocupar com essas duas manifestações da linguagem.

Princípio n. 2
O ensino de Português deve se preocupar com a língua padrão e a língua não-padrão.

Cremos não haver necessidade de tentar convencer o Colega da importância do ensino da língua padrão no curso fundamental. Passada a era do "quem não comunica se trumbica", do apresentador de televisão, Chacrinha, ou do "tudo é válido na língua, desde que se logre comunicar-se", como afirma ironicamente Bechara (1985, p. 6), é possível apresentar alguns argumentos a favor do aprendizado da língua padrão: 1º) O aspecto prático e objetivo da questão, já que todo indivíduo pode precisar um dia, em seu serviço, se comunicar em linguagem formal – escrita ou falada – com os superiores, com os colegas ou com os seus funcionários; 2º) O aspecto ideológico da questão, uma vez que o domínio do dialeto padrão pode facilitar a ascensão do indivíduo na escala social (SOARES, 1993; COUTO, 1994; TRAVAGLIA, 1996); 3º) O aspecto pessoal e humano da questão, uma vez que o indivíduo que não emprega o chamado "português correto", seja ele falado ou escrito, é reconhecido ou tido por parcelas da sociedade como menos escolarizado, menos inteligente e até mesmo como menos capaz; 4º) O aspecto social da questão, uma vez que a sociedade letrada e bem informada em que vivemos cobra dos cidadãos o domínio de uma língua culta. Como afirma Silva (1995, p. 27), "... na prática, o que se vê como geral é que, apesar do reconhecimento da diversidade de usos e de normas, de sua compreensão científica como usos próprios a grupos identificáveis que compõem a sociedade, se procede no sentido de implementar mecanismos de regulação lingüística com base nos dialetos de prestígio".

A bem da verdade, passada, como dizíamos, a era do "comunicou, tá comunicado", constata-se hoje em dia que a maioria dos professores de português e a comunidade em geral reconhecem a importância de se ensinar o dialeto padrão ao aluno. Sírio Possenti (1997, p. 17), logo no início da obra em que trata da conveniência ou não de se ensinar gramática na escola, é bastante claro, incisivo, ou mesmo contundente, com relação ao assunto (repetindo e ampliando a citação apresentada na introdução deste trabalho):

> Talvez deva repetir que adoto sem qualquer dúvida o princípio (quase evidente) de que *o objetivo da escola é ensinar o português padrão*, ou talvez mais exatamente, o de criar condições para que ele seja aprendido. Qualquer outra hipótese é um equívoco político e pedagógico. (grifo do autor)

É o que afirma, por exemplo, Louzada (1998, p. 12):

> Consideramos que é função inalienável da escola levar a criança a adquirir e praticar o dialeto padrão e praticar na modalidade culta e formal, não

somente porque por ela será socialmente avaliada, mas porque por ela terá acesso à tradição cultural escrita.

É essa também a posição de Lopes (1998, p. 45):

Numa sociedade letrada como a nossa, é preciso que os alunos consigam inserção no mundo da escrita e que manifestem proficiência na interpretação e produção dessa escrita (em todos os seus usos). Isso os tornará mais aptos para sobreviver e mais conscientes dos processos que engendram essa mesma sociedade, e os que são engendrados por ela, mais aptos, em suma, para revitalizarem a própria sociedade, segundo seus interesses e necessidades.

São estas as palavras de Geraldi (1984, p. 77):

Estas práticas [leitura de textos, produção de textos e análise lingüística], integradas no processo de ensino aprendizagem, têm dois objetivos interligados: a) (...); b) possibilitar, pelo uso não artificial da linguagem, o domínio efetivo da língua padrão em suas modalidades oral e escrita.

Gebara, Romualdo e Alkmim (1984, p. 29) afirmam: "Em outras palavras, com lingüística ou com gramática normativa, sendo professor eficiente ou não, é esse o papel do professor: – ensinar a língua que convém em ocasiões formais, ritualizadas, ou seja, a dita língua padrão."

Para finalizar, ouçamos o que diz a esse respeito Evanildo Bechara (1985, p. 59): "Mas o professor de língua portuguesa, sem desprestigiar o valor da língua coloquial – erro, aliás, da antiga geração de mestres –, deve centrar sua atenção no padrão culto, que presidirá à produção lingüística do educando, falando ou escrevendo."

Voltemos às palavras de Possenti citadas acima: "... o objetivo da escola é ensinar o português padrão..." Embora concordemos com a afirmativa do autor, gostaríamos de restringir a abrangência da palavra *objetivo* com o adjetivo *primordial*. Dessa forma, a frase ficaria: "O objetivo *primordial* da escola é ensinar o português padrão." Defendemos o ponto de vista de que o PP deve privilegiar o ensino do português padrão, mas deve se preocupar também com as mais diversas competências linguísticas do aluno, ou seja, com a capacidade de adequar a sua língua às mais diversas circunstâncias. Na verdade, essa é também a posição de Possenti, como demonstra nas páginas subseqüentes de seu livro. Bechara (1985, p. 14), como vimos, no cap. 3º, tem, a esse respeito, uma passagem que está se tornando clássica na literatura sobre o assunto: "No fundo, a grande missão do professor de língua materna [...] é transformar seu aluno num poliglota dentro de sua própria língua..." Vimos também que essa é a proposta de Travaglia (1996, p. 17), ao afirmar: "Propomos que o ensino de Língua Materna se justifica prioritariamente pelo objetivo de desenvolver a competência comunicativa dos usuários da língua (falante, escritor/ouvinte, leitor), isto é, a capacidade do usuário de empregar adequadamente a língua nas diversas situações de comunicação." Essa é a razão por que, neste trabalho, estamos privilegiando a questão do ensino da norma culta, pois, como dissemos, "esse é o objetivo *primordial* do ensino de Português". Reforçamos, mais uma vez, essa postura com as palavras de Possenti (1997, p. 26): "Qualquer outra hipótese é um equívoco político e pedagógico."

PRINCÍPIO N. 3
O objetivo *primordial* da Escola é ensinar o português padrão.

Se estamos insistindo na primordialidade do ensino da língua padrão no curso fundamental é porque é possível deparar com vozes discordantes com relação à posição que estamos adotando. Citemos três autores que negam a relevância do ensino da norma culta na escola ou que não consideram ser esse o objetivo principal do ensino de Português.
Dillinger (1985, pp. 39-40) afirma:

> Um problema inicial com o Princípio da Norma Culta é que não faz sentido algum: ninguém sabe explicar por que exatamente estudar uma variante da língua seria melhor, nem por que esta variante específica da língua em vez de outra. Transposto para outro campo, defender esse princípio seria como afirmar que basta estudar meu vira-lata Fido para saber tudo que há de importante a respeito de cachorros. Está claro que este princípio representa apenas uma afirmação dogmática sem respaldo algum.

É esta a posição de Britto (1997, p. 14), que afirma com relação ao assunto: "... não faz sentido insistir que o objetivo da escola é ensinar o chamado português padrão".

São estas as palavras de Bagno (2000b, p. 105): "Muita gente acredita e defende que é a *norma culta* que deve constituir o objeto de ensino/aprendizagem em sala de aula. Mas o que é e onde está essa *norma culta*?"

Apesar de existirem algumas vozes discordantes, parece não haver dúvida de que, nos tempos atuais, a maioria dos autores que tratam do assunto, bem como a sociedade de um modo geral, reconhece que o aluno deve aprender a dominar o dialeto padrão. Defendemos a idéia de que o aprendizado dessa habilidade deve ser completado até o final da 8.ª série. É preciso considerar que o adolescente, aos quatorze anos, acumula um grande número de conhecimentos e é capaz de dominar inúmeras habilidades intelectuais. Não é à toa que ele domina com extrema facilidade os meandros da informática, muitas vezes inacessíveis aos adultos, é perito nos mais variados *games*, conhece as sutilezas, as maldades e as nuances de todos os campeonatos de futebol, de Fórmula 1, e assim por diante. Por que ele não pode ser capaz de dominar a técnica de escrever corretamente, que é uma habilidade relativamente fácil de ser adquirida no nível de 8.ª série (não estamos falando do surgimento de grandes vocações literárias, nem no aprendizado da redação de textos jurídicos, jornalísticos, etc., algo que vai surgir com o tempo)? Isso é possível, desde que haja treinamento apropriado e desde que o aluno não perca tempo e motivação com procedimentos inadequados, confusos, iníquos e pouco convincentes. É preciso lembrar que o aluno passa oito longos anos – no mínimo – lendo e escrevendo na escola, não só na disciplina de Português, como também nas diversas disciplinas e nas outras atividades – além do que ele lê fora da escola (revistas, jornais, impressos, manuais de instrução, propagandas, letreiros, placas, etc.). Se ele termina o fundamental sem saber escrever corretamente, a culpa cabe certamente ao PP e aos métodos de ensino que são, em sua maioria, ineficientes.

Princípio n. 4
Ao final da 8.ª série, o aluno deve dominar o dialeto padrão.

Além do que foi dito, é preciso considerar que, para a imensa maioria dos cidadãos, o convívio com a língua padrão é muito mais importante e freqüente do que com a língua literária. Embora reconheçamos a importância da literatura na formação do aluno (cf. princípio n. 11), não há dúvida de que no dia-a-dia de suas vidas atribuladas, os cidadãos contemporâneos entram em contato com uma freqüência muito maior com a língua formal do que com a língua literária. De fato, estamos cercados por todos os lados de comunicações, ofícios, cartas comerciais, formulários, manuais de instrução, relatórios, editais, artigos técnicos e científicos, etc., que empregam língua formal, sem se falar da leitura quase que cotidiana de jornais, revistas, periódicos e congêneres que também usam esse tipo de língua. Essa faceta mais neutra da língua – estamos nos referindo, por exemplo, aos manuais de instrução, relatórios, cartas comerciais – tem sido esquecida pelos livros didáticos e pelos professores de português, que preferem trabalhar com o lado mais glamouroso da língua, ou seja, com a língua literária, a linguagem da propaganda, as letras de música, etc. São poucos os autores que defendem a idéia de que o contato com a linguagem neutra, meramente informativa, é também importante para o ensino da língua materna. É o que faz, por exemplo, Ramos (1997, p. 37):

> Ler e compreender instruções é um tipo de uso freqüente e decisivo da leitura não só na escola como também no cotidiano, e principalmente nele. Tanto operários quanto profissionais liberais estão sempre lidando com novos equipamentos, instruções relativas à segurança, etc. Mesmo uma dona de casa precisa ter à mão um livro de receitas, um manual de primeiros socorros, etc. Nem é preciso lembrar das bulas de medicamentos. Portanto, a leitura de instruções constitui uma habilidade que a escola tem o dever de desenvolver.

Em resumo, estamos querendo dizer que o trato ou a convivência com a língua padrão, quer se trate da leitura ou da escrita, é mais freqüente e mais importante para o cidadão comum do que o trato ou a convivência com a língua literária.

Portanto, saber conviver com a língua padrão e saber interpretá-la é de fundamental importância para o ensino de Português. Mas uma pergunta se faz necessária: o que distingue a língua padrão da língua não-padrão?

Numa definição provisória, podemos dizer que a língua padrão se caracteriza pela observância às normas da gramática tradicional, ao passo que a língua não-padrão se caracteriza pela atitude de rebeldia com relação a essas normas. Talvez pudéssemos falar então em língua padrão e língua literária. Mas o que caracteriza a língua literária em face da língua padrão não é a observância ou não a essas regras gramaticais. Um texto pode ser literário e estar de acordo com as normas da gramática tradicional. Na verdade o que distingue um texto em língua padrão de um texto literário é que no primeiro são seguidas obrigatoriamente as normas da gramática tradicional e há o predomínio da linguagem informativa sobre a linguagem emotiva, ao passo que no segundo essas regras são facultativas, havendo, porém, um predomínio da linguagem emotiva sobre a linguagem informativa. São exemplos de textos em língua padrão: teses, livros técnicos e científicos, jornais, revistas informativas, ofícios, cartas protocolares, relatórios, documentos profissionais, manuais de instrução, etc. Vamos considerar como textos em linguagem literária: romances, contos, poemas, crônicas, textos de teatro, de novela e de publicidade, letras de música, etc.

> PRINCÍPIO N. 5
> Na língua padrão, há a observância das normas da gramática tradicional e o predomínio da função informativa. Na língua literária, essas normas são facultativas e há o predomínio da função emotiva.

Reconhecemos que a distinção entre linguagem científica, técnica ou informativa de um lado e linguagem literária, de outro, não é tão simples como poderia parecer à primeira vista. De qualquer forma, vamos deixar claro que, sob o ponto de vista da prototipicidade, é possível distinguir as duas modalidades de língua. É o que faz, por exemplo, Geir Campos em seu *Pequeno dicionário de arte poética* (CAMPOS, 1978), no verbete *conotação*: "A *conotação* é um recurso da *linguagem lírica*, ao contrário da *denotação* que se presta melhor à *linguagem científica*." Já no verbete *linguagem científica* o autor afirma:

Utilizando principalmente a *denotação* das palavras, a linguagem das Ciências distingue-se da *linguagem lírica* porque, nela, cada frase possui um só e único sentido, tendo sempre um equivalente perfeito em qualquer outro idioma ou podendo ser expressa em forma diferente, pouco importando o ritmo, sempre com o mesmo valor significativo para qualquer pessoa que a leia.

Wellek e Warren (1962, p. 29), depois de dedicarem um vasto estudo à natureza da literatura e à distinção entre linguagem científica e linguagem literária, concluem:

Contudo, sejam quais forem os modos mistos que transpareçam do exame de obras de arte literária concretas, parecem claras as diferenças entre o uso literário e o uso científico: a linguagem literária está muito mais profundamente ligada à estrutura histórica da linguagem; acentua o grau de consciente realce do próprio signo; possui um lado expressivo e pragmático, que a linguagem científica, inversamente, procurará sempre minimizar tanto quanto possível.

Enfim, apesar das dificuldades que existem para distinguir *linguagem científica* de *linguagem literária*, adotamos a posição de Proença Filho (1986, p. 10), que nos parece satisfatória:

Acredito, porém, que se não podemos, até o momento, caracterizar plenamente a especificidade da literatura, temos possibilidade, graças ao desenvolvimento dos estudos e das pesquisas na área, de indicar traços peculiares e identificadores do discurso literário enquanto tal.

A esta altura, o colega já deve estar percebendo que todas as nossas observações sobre a língua padrão estão relacionadas com o texto escrito. No que se refere ao ensino da língua padrão, de fato, devemos dizer que a preocupação do PP deve voltar-se basicamente para o estudo da língua escrita. Na prática do ensino de português, não faz sentido falar-se em treinamento oral, nem em exercícios orais, nem em prova oral de Língua Portuguesa. O treinamento em português culto falado é adquirido no dia-a-dia da escola, no contato com os diretores, professores, supervisores, orientadores, funcionários e nas situações de sala de aula em que se requer uma modalidade de língua mais formal, como no caso dos debates, exposições, seminários, argüições, etc., que se realizam em qualquer disciplina. É evidente que, com relação ao uso da língua nessas situações mais formais, deverá haver uma orientação não-sistemática por parte do PP. É indispensável que não só o PP como também os professores das diversas disciplinas conscientizem-se da real necessidade de se abrirem espaços específicos, regulares e constantes para que o aluno coloque em prática, durante a aula, uma possível língua culta falada.

Na verdade, o aluno, como ser humano inteligente que é, ao entrar em uma sala de aula, percebe – sempre sob a orientação do professor, ou melhor, do educador – que há uma mudança de ambiente e de atitudes. Ficam para trás os gestos grosseiros e intempestivos, os gritos e as conversas em voz alta. Não mais os dedos no nariz, as unhas sujas e os cabelos desgrenhados. O uniforme dá o tom de padronização e de "uniformidade". Neste palco/sala de aula, instala-se um grande teatro, em que, sob a direção do professor (de qualquer disciplina), emprega-se um embrião da norma culta falada. Dá-se, portanto, uma prática intensiva da língua formal falada, que dispensa um treinamento explícito, repetitivo e cansativo.

Esse ponto de vista que estamos explicitando e defendendo pode ser constatado quando avaliamos o desempenho lingüístico de nossos alunos ao final do curso fundamental ou médio. De um modo geral, o aluno, quando termina o curso médio, terá praticado a chamada língua culta oral, em decorrência do longo convívio com essa modalidade de língua na escola, já que ele passou por um treinamento constante e, via de regra, inconsciente da língua falada culta, muitas vezes à revelia do PP, que poderá, inclusive, ignorar essa modalidade de língua ou mesmo ser contra ela teoricamente. Mas como dizíamos, a convivência com os professores, diretores, supervisores, etc., as inúmeras situações de relativa tensão em que o aluno é obrigado a usar a língua formal falada, tudo isso leva inexoravelmente o discente ao domínio dessa forma de linguagem. Já com relação à língua escrita, a situação se complica: muitos professores adotam práticas pedagógicas que "impedem, inibem ou retardam" a aquisição da língua escrita culta, como: a adoção da gramática explícita como método para aprender a língua, a confusão entre língua literária e língua padrão, o estudo ou análise da língua falada pelo aluno como estratégia para aprender a língua formal, etc. Como resultado desse dualismo metodológico, muitas vezes inconsciente, temos deparado com casos às vezes curiosos de alunos de algumas faculdades – inclusive de Letras – que se expressam muito bem oralmente, inclusive em situações de tensão, mas, ao escreverem, apresentam muitas deficiências com relação ao discurso formal.

Sempre que usarmos a expressão língua padrão, estaremos nos referindo à modalidade escrita e/ou falada, em que predomina o aspecto informativo, intelectivo, lógico e racional. Quando usarmos a expressão língua literária, estaremos nos referindo a qualquer modalidade de língua, escrita ou oral, em que, como dissemos, predomina o aspecto emotivo.

No ensino de Português há um outro dado complicador que o professor não pode deixar de levar em consideração: trata-se da língua que o aluno traz de casa, que ele usa nas conversas com os irmãos, amigos, vizinhos, colegas, etc. O PP, como já foi amplamente divulgado na bibliografia especializada, não pode desconhecer, condenar ou considerar como inferior ou como um estigma social esse dialeto não-padrão, já que, sob o ponto de vista da Lingüística e da Antropologia, por exemplo, é uma modalidade lingüística tão válida quanto a língua falada que o professor usa.

Princípio n. 6
O PP, além de levar em consideração a língua padrão escrita e a língua literária, deve se preocupar também com o dialeto não-padrão do aluno.

Como conciliar a língua padrão, a língua literária e o dialeto não-padrão do aluno, uma vez que são manifestações distintas da linguagem humana? Esse assunto será discutido com mais rigor no Capítulo 5, quando trataremos de questões metodológicas. Por ora, precisamos concentrar mais nossa atenção sobre o que entendemos por língua padrão.

Capítulo 4
O QUE É LÍNGUA PADRÃO?

Parece não haver dúvida de que a chamada *língua padrão* existe. Este trabalho, por exemplo, bem como as leis, os livros técnicos e científicos (incluindo os didáticos), os contratos, a correspondência oficial, os manuais de instrução, as receitas e os avisos públicos estão redigidos nessa modalidade de língua. Pretendemos ainda, nas páginas que se seguem, delimitar com mais rigor a abrangência dessa língua padrão. Por ora, gostaríamos de fazer uma pergunta anterior ao que estamos discutindo: o que é a língua padrão? Em outras palavras: se uma pessoa quer escrever na chamada língua padrão, em que essa pessoa deve se basear? É provável que a resposta mais comum seja que ela deve ter como base as regras da gramática. Gostaríamos de ir mais a fundo na questão e perguntar: e as regras da gramática são baseadas em quê? Aqui é que se situa um dos grandes problemas da gramaticologia brasileira.

Há uma tradição dos gramáticos brasileiros em considerar como base para a fixação das regras gramaticais as obras literárias dos escritores brasileiros e portugueses.

No prefácio da *Nova gramática do português contemporâneo*, Cunha e Cintra (1985) afirmam a respeito de sua obra:

> Trata-se de uma tentativa de descrição do português atual na sua forma culta, isto é, da língua como a têm utilizado os escritores portugueses, brasileiros e africanos do Romantismo para cá, dando naturalmente uma situação privilegiada aos autores dos nossos dias.

Observe-se que na *Gramática* de Cunha e Cintra, os escritores portugueses, brasileiros e africanos – com todos os seus regionalismos, idiomatismos e coloquialismos – são citados como modelos de linguagem padrão.

Cegalla (1979), no prefácio de sua *Gramática*, é também muito claro com relação ao assunto:

> Na bibliografia que figura no fim do livro encontrará o estudante minuciosa referência às fontes consultadas bem como a relação das principais obras literárias de onde extraímos as abonações e os exemplos que servem de apoio à teoria gramatical.

Lima (1972, p. 6), por sua vez, afirma em sua *Gramática normativa da língua portuguesa*:

> Fundamentam-se as regras da Gramática Normativa nas obras dos grandes escritores, em cuja linguagem as classes ilustradas põem o seu ideal de perfeição, porque nela é que se espelha o que o uso idiomático estabilizou e consagrou.

Bechara (1972) não explicita em que se baseiam as abonações da sua *Gramática*, mas cita vários escritores em sua obra, como: Alexandre Herculano, Almeida Garrett, Camilo Castelo Branco, Machado de Assis, Afonso Arinos, Marquês de Maricá, Latino Coelho, Francisco José Freire, Santa Rita Durão, Antônio Vieira, A. F. de Castilho, Manuel Bandeira, Tomás Antônio Gonzaga, Rui Barbosa, Manuel Bernardes, Euclides da Cunha, José de Alencar, Luís de Camões et al.

Luft (1976) não deixa claro em sua *Moderna gramática brasileira* qual seria esse modelo de língua padrão, embora afirme em *Língua e liberdade* (1993, p. 27) que a língua culta se aprende com a convivência com os escritores modelares:

> Também a língua culta, espécie de língua segunda (depois da língua primeira instaurada na infância), *se aprende por intuição*, na convivência íntima e prolongada com textos modelares. Atenção: 'modelares' não significa necessariamente clássicos, antigos, consagrados. Um bom escritor moderno...

É interessante observar que essa aura de sacralidade de que se reveste a língua dos escritores pode ser constatada também entre os lexicógrafos. Basta conferir na bibliografia do conhecido Aurélio (FERREIRA, 1975) o número elevado de escritores citados, de cujas obras são extraídas as abonações do *Dicionário*.

Parece não haver dúvida, portanto, de que as gramáticas tradicionais estabelecem como *corpus* de onde são extraídas as abonações para a fixação das regras gramaticais os textos de autores de literatura. Essa é uma posição com a qual não concordamos e que tem que ser revista com urgência. Analisemos primeiramente a questão da língua literária contemporânea. Repetimos aqui a pergunta feita no início deste item: devem as leis, os livros técnicos e científicos, os contratos, a correspondência oficial, os manuais de instrução, as receitas e os avisos públicos ser redigidos na mesma modalidade de língua em que se expressam os autores contemporâneos? É evidente que não. Vejamos o porquê do problema.

Ortega y Gasset já dizia: "Que não se atreva a escrever aquele que não se atreva a inovar" (apud CUNHA, 1977, p. 31). Estamos entendendo *escrever*, é claro, no sentido de escrever com finalidades estéticas. De fato, ninguém pretende inovar, sob o ponto de vista lingüístico, ao escrever um regulamento, ao redigir uma petição ou ao fazer um relatório técnico. Tal não se dá quando a pessoa escreve com finalidades artísticas, como afirma Ortega y Gasset. Tomemos como exemplo a língua literária do Modernismo, ou seja, a língua literária contemporânea. Ela se caracteriza pela ruptura com relação aos cânones da gramática tradicional. Sabemos que essa é uma atitude programática de certos escritores, que se observa na teoria e na prática. Na teoria, relembremos essas posições de Mário de Andrade, José Lins do Rego e Manuel Bandeira com relação ao assunto.

Mário de Andrade (em carta a Alceu Amoroso Lima):

> Quando eu principiei errando meu português não anunciei imediatamente que estava fazendo uma gramática do brasileiro, anúncio com o qual eu tinha apenas a intenção de mostrar que não estava fazendo uma coisa de improviso porém era coisa pensada e sistematizada? Pois não se percebe que entre o meu *erro* de português e o do Osvaldo vai uma diferença da terra à lua, ele tirando do erro um efeito cômico e eu fazendo dele uma coisa séria e organizada? (p. 151)

José Lins do Rego (em *Gordos e magros*):

É na língua onde o povo mais se mostra criador. Mais do que cantando, é falando que o povo nos ensina coisas extraordinárias. Por que então desprezar a contribuição que ele nos oferece a cada instante? Por que nos metermos em câmaras anti-sépticas para escrever? (p. 498)

Manuel Bandeira (em *O mês modernista*):

Mas eu não tinha nem força nem lucidez para pensar, como penso hoje, que é bobagem chamar de errada a linguagem de que espontaneamente se serve a gente bem-educada de um país. É caçanje começar a oração com pronome oblíquo? Usar impessoalmente o verbo "ter"? Então o caçanje é o idioma nacional dos brasileiros. (p. 209)

Todas as citações foram extraídas de Pinto (1981).
Na prática, não é preciso ir muito longe, nem mesmo é necessário transcrever textos de autores contemporâneos para comprovar o que estamos demonstrando. Restrinjamo-nos, porém, a reproduzir (sem qualquer comentário) estes dois excertos de Guimarães Rosa e de Fernando Pessoa, respectivamente, para "sentirmos" o abismo que separa a linguagem literária da linguagem conservadora dos ofícios, dos laudos e dos relatórios (dos quais achamos desnecessário citar alguns trechos):

Aquilo lufou! De rempe, tudo foi um ão e um cão, mas, o que havia de haver, eu já sabia... Oap! O assoprado de um refúgio, e Diadorim entrava de encontro no Fancho-Bode, arrumou mão nêle, meteu um sopapo: – um safano nas queixadas e uma sobarbada – e calçou com o pé, se fez em fúria. Deu com o Fancho-Bode todo no chão, e já se curvou em cima: e o punhal parou ponta diantinho da goela do dito, bem encostado no gogó, da parte de riba, para se cravar deslizado com bom apôio, e o pico em pele, de belisco, para avisar do gôsto de uma boa morte; era só se soltar, que, pelo pêso, um fato se dava. O fechabrir de olhos, e eu também tinha agarrado meu revólver. Arre, eu não queria presumir de prevenir ninguém...
(ROSA, 1967, p. 124)

Fifteen men on the Dead Man's Chest
Yo-ho ho and a bottle of rum!

Eh-Iahô-Iahô-laHO – Iahá-á-ááá – ààà...

Ah! A selvajaria desta selvajaria! Merda
Pra toda a vida como a nossa, que não é nada disto!
Eu prà'qui engenheiro, prático à força, sensível a tudo,
Prà'qui parado, em relação a vós, mesmo quando ando;
(...)
Arre! por não poder agir de acordo com o meu delírio!
Arre! por andar sempre agarrado às saias da civilização!
Por andar com a *douceur des moeurs* às costas, como um fardo de rendas!
(PESSOA, 1964, p. 184)

Caso o leitor se interesse, poderá consultar o livro de Lessa (1966), *O modernismo brasileiro e a língua portuguesa*, em que o autor apresenta centenas e mesmo milhares de exemplos que comprovam essa atitude de ruptura com relação às normas da gramática tradicional.

Essa atitude de rebeldia tem sido praticada de maneira tão intensa e sistemática pelos autores brasileiros, que é possível citar um grande escritor – a que nos referimos linhas acima – que, não contente em romper com as normas da língua portuguesa, transgride também o sistema da língua, tanto na sintaxe, quanto na morfologia, como comprovam as passagens dos dois estudos que se seguem, a respeito da língua de Guimarães Rosa.

Versiani (1975, p. 84) afirma em seu trabalho, a respeito da sintaxe de Guimarães Rosa:

Grande parte dos usos que o autor faz do subjuntivo são comuns à língua portuguesa, mas outros são inteiramente novidades. Ainda que se originem, levando-o a extremos de elasticidade, no valor básico do subjuntivo na língua ao processo verbal comunicado – não os podemos considerar apenas 'violação ou ampliação da norma'. O sistema de modos verbais de *Grande sertão: veredas* não é o da língua portuguesa, apesar de em parte os dois se sobreporem.

Por sua vez, Rocha (1998a, p. 98) afirma a respeito das criações lexicais do autor: "... pelo fato de se utilizar de um conjunto de regras morfológicas inexistentes no português, podemos concluir que Guimarães Rosa criou inúmeros itens lexicais em sua obra que não podem ser caracterizados como vocábulos da língua portuguesa".

Se a língua literária contemporânea se caracteriza pela ruptura, pela inovação e pela rebeldia, conclui-se que ela não pode servir de modelo para a chamada língua padrão, que é essencialmente conservadora. Pode-se mesmo supor que inúmeros autores contemporâneos sentir-se-iam ofendidos se o tipo de linguagem usado por eles fosse guindado à categoria de linguagem oficial, burocrática e conservadora das escrituras, dos acórdãos, dos regulamentos e dos laudos técnicos. É claro que há autores contemporâneos que não rompem com a tradição idiomática. Mas é aconselhável tomar a língua literária – *in totum* – como padrão, mesmo sabendo-se que há autores que rompem com essa tradição e os que não rompem? De onde devem ser extraídas as abonações? Dos autores revolucionários ou dos conservadores? Lembremo-nos, antes de tudo, que estamos tentando fixar o *corpus* de onde devem ser extraídas as abonações que servirão de modelo para a fixação das regras gramaticais. É uma questão de petição de princípio. Não faz sentido dizer que tal escritor pode servir de modelo, porque segue as regras gramaticais. Para efeito de raciocínio, as regras gramaticais não existem. Estamos querendo, justamente, fixar o *corpus* de onde serão extraídas as regras gramaticais, do mesmo modo como quando queremos descrever a linguagem dos "trombadinhas" de Belo Horizonte: é dos textos, ou seja, das falas – *in totum* – que devemos partir para fazer a descrição.

A língua literária contemporânea caracteriza-se, portanto, pela possibilidade de rebeldia com relação à tradição gramatical, não podendo, portanto, ser considerada como modelo para a língua padrão.

Se a língua literária contemporânea não deve servir de modelo para a língua padrão, como tentamos demonstrar, por outro lado, também não faz sentido eleger a língua literária dos séculos anteriores como modelo da língua padrão atual, como fazem as gramáticas tradicionais. Será que os advogados, os cientistas sociais e os jornalistas do nosso tempo devem usar a língua como o fizeram os escritores dos séculos 16, 17, 18 e 19? Com todo respeito a Luís de Camões e a Antônio Vieira, dois dos maiores portentos da literatura de língua portuguesa, cremos que nenhum jornalista, advogado ou sociólogo gostaria de escrever seus trabalhos com o mesmo tipo de linguagem utilizado pelos escritores citados. Na realidade, não é isso o que acontece. Uma coisa é admirar a obra inigualável de Camões, as composições divinas de Mozart ou a decoração refinada do Palácio de Versailles. Mas, verdade seja dita, ninguém hoje escreve como Camões, compõe como Mozart ou levanta edificações como o Palácio de Versailles. Ora, se tudo evolui, por que a língua não pode evoluir?

Em síntese, podemos afirmar com Sena (1986, pp. 96-7) a respeito da distinção entre língua padrão e língua literária: "É certo que as duas modalidades de língua estão unidas por um núcleo comum, mas não têm necessariamente de servir de modelo uma para a outra." Mais adiante o autor conclui.

> [A língua padrão] existe, porque os países civilizados necessitam de um padrão lingüístico, mais ou menos uniforme, com função referencial, que possa servir de instrumento de comunicação às diversas ciências e aos documentos oficiais. A da literatura existe, porque, conforme Vendryes (op. cit., 301), "l'homme de lettres a besoin d'un instrument personnel, qui exprime ce qu'il y a de particulier dans son intelligence et sa sensibilité".

Princípio n. 7
A língua literária não pode ser tomada como modelo da língua padrão.

Em vista do exposto, surge uma pergunta inevitável: se um estudioso do português deseja hoje escrever uma gramática da língua padrão que seja realmente autêntica, isto é, que não seja simplesmente uma cópia das gramáticas escritas até o momento (como costumam fazer alguns autores), qual deve ser o *corpus* em que esse autor deve buscar as abonações para o seu estudo? Proponhamos algo mais simples: se um estudioso do português deseja fazer uma pesquisa sobre o emprego do verbo *haver* na língua padrão, onde devem ser buscados os exemplos para essa pesquisa? Suponhamos ainda, apenas como exercício de raciocínio, que, por um motivo qualquer, as gramáticas tradicionais desapareçam da face da Terra, mas que se torne necessário saber como é a língua oficial usada na linguagem burocrática, administrativa, científica, técnica, informativa, etc. Para se saber como essa língua é usada, é evidente que a descrição dessa língua oficial tomará como base os textos redigidos nessa modalidade de língua, do mesmo modo como, se se quer saber como é a língua dos barranqueiros do Rio São Francisco, tomar-se-ão como base as falas dos habitantes das margens desse rio.

O que estamos propondo é que a gramática da língua padrão esteja apoiada em bases autênticas, ou seja, nos textos redigidos em norma culta e não, na língua literária dos séculos 16 a 19, e muito menos na língua literária contemporânea. Nada impede que haja um equilíbrio de forças e uma reciprocidade entre o uso de uma língua e o conjunto de regras ou parâmetros que sustenta essa língua. Em outras palavras: os falantes servem-se de regras internalizadas para usar uma língua, ao mesmo tempo em que é do uso efetivo dessa língua que se delineiam as regras para o seu funcionamento. Mas, por uma questão de princípio, é preciso considerar que a língua é anterior à gramática: a fixação das regras que caracterizam o português padrão deve tomar como base o conjunto dos textos redigidos nessa língua padrão, ou seja, os textos da linguagem burocrática, administrativa, técnica, científica, etc. É importante que se leve em consideração aquilo que é freqüente nesses textos, como afirma Sena (1986, p. 75): "... a norma lingüística é uma realidade que se constata através de pesquisas, e estas hoje se baseiam, como já vimos, no critério da freqüência. O que é freqüente no uso de uma variedade da língua é que constitui a norma".

Torna-se aqui necessário delimitar um pouco mais o que entendemos por língua padrão. A meio caminho entre a língua padrão "oficial" (conforme foi definida até aqui) e a língua literária, existe a língua padrão "jornalística", consubstanciada nos textos da mídia impressa (jornais e revistas de divulgação, como *Folha de S.Paulo, O Globo, Jornal do Brasil, Veja, IstoÉ, Exame, Placar, Quatro Rodas, Marie Claire, Boa Forma, Playboy*, etc.). Há uma diferença de estilo com relação aos dois tipos de língua padrão, principalmente no que se refere ao vocabulário. A língua oficial é técnica, neutra e objetiva, e a jornalística procura envolver, impressionar e cativar o leitor, usando termos e expressões tanto da linguagem culta quanto da linguagem coloquial. Apesar dessa diferença, há alguns autores que afirmam que a língua padrão escrita deve tomar como base, ao mesmo tempo, a linguagem oficial e a jornalística. É o que afirma, por exemplo, Perini (1985, p. 88): "É por razões como essas que gostaria de sugerir que a gramática seja (pelo menos em um primeiro momento) uma descrição do português padrão tal como se manifesta na literatura técnica e jornalística." Possenti (1997, p. 41) defende o mesmo ponto de vista: "Haveria certamente muitas vantagens no ensino de português se a escola propusesse como padrão ideal de língua a ser atingido pelos alunos a escrita dos jornais ou dos textos científicos, ao invés de ter como modelo a literatura antiga."

Alguns leitores poderão discordar da posição que vimos tomando com relação à mídia impressa, pelo fato de a estarmos considerando como modelo de língua padrão. Dois argumentos principais sustentam essa posição. Em primeiro lugar, é preciso considerar a presença maciça da mídia impressa contemporânea na vida cotidiana das pessoas. Muitos indivíduos, mesmo os mais escolarizados, deixam de ler livros, mas lêem quase que diariamente revistas e jornais. Em segundo lugar, que se leve em conta a importância da imprensa no mundo atual. De fato, nos países democráticos, em que se depara com uma imprensa livre, ela tem se tornado o quarto poder da República. Ora, se ela está tão presente em nossas vidas e se ela é tão importante no mundo contemporâneo, como um veículo de comunicação de idéias, por que a sua língua não pode servir de modelo para a fixação da chamada norma culta?

Observe-se que tanto Perini quanto Possenti, como vimos linhas acima, não chegam a fazer distinção entre a linguagem oficial (técnico-científica) e a linguagem jornalística. A nosso ver, porém, existem algumas diferenças entre uma e outra modalidade lingüística.

A linguagem oficial é neutra, denotativa, informativa, destituída de qualquer apelo subjetivo e tende a ser a mais objetiva e precisa possível. Essa linguagem formal, que pode servir a finalidades administrativas, burocráticas, informativas, comunicativas, profissionais, técnicas ou científicas, pretende evitar qualquer tipo de ambigüidade. É a modalidade de linguagem que se encontra em textos, como:

A) Correspondência ou comunicação oficial – Linguagem empregada por órgãos e repartições públicas, por empresas particulares, bem como por funcionários em comunicação oficial, em documentos do tipo:

alvará, ata, atestado, auto de infração, ato declaratório, aviso, carta, circular, contrato, convênio, decreto, decreto-lei, decreto legislativo, despacho, edital, ementa, exposição de motivos, informação, lei, memorando, mensagem, ofício, ordem de serviço, parecer, portaria, regimento, regulamento, relatório, requerimento, resolução, informações, advertências, proibições, etc. Essa é a chamada linguagem "oficial".

B) Textos técnicos ou científicos – Linguagem empregada por profissionais, técnicos ou especialistas de qualquer natureza, em textos do tipo: artigos, comunicações, palestras, livros, resenhas, manuais de instrução, manuais de funcionamento, descrições técnicas, bulas, etc., relacionadas com as mais diversas áreas do conhecimento humano, como, medicina, direito, engenharia, botânica, eletrônica, lingüística, eletricidade, mecânica, carpintaria, etc. Essa é a chamada linguagem "técnico-científica".

Por sua vez, a linguagem jornalística contemporânea apresenta algumas características que a distinguem daquela que estamos caracterizando como sendo a linguagem formal. O texto jornalístico revela, como uma de suas principais características, a tentativa de envolvimento com o leitor. De fato, para captar a atenção do leitor e mantê-lo constantemente "ligado" ao texto, o jornalista precisa ser envolvente. Para tanto, ele usa de uma linguagem "apelativa", no sentido de Bühler, ou seja, um tipo de linguagem cujo principal objetivo é atingir o leitor. O autor do texto jornalístico usará dos mais variados recursos lingüísticos, como: emprego da linguagem coloquial, termos da gíria, estrangeirismos, repetições, perífrases, metáforas, ironias, comparações, etc. Já se foi o tempo em que o texto jornalístico era meramente informativo. Hoje o jornalista tenta captar a simpatia do leitor, quer seja para "passar" as suas idéias (ou ideologias), quer seja para manter o leitor em permanente vigília, e evitar, portanto, que o texto seja abandonado. Estamos entendendo como texto jornalístico aquele que se pode chamar de "o texto do jornal" ou "o texto da revista", que são, basicamente, os textos das reportagens. Não consideramos como textos jornalísticos, por exemplo, as crônicas ou colunas assinadas, as entrevistas, as propagandas e as cartas do leitor.

É interessante observar que esse texto jornalístico a que estamos nos referindo está adquirindo uma vida própria como um gênero textual.

Um reflexo dessa coesão em torno de um mesmo gênero tem sido o surgimento dos manuais de redação dos jornais, revistas e editoras.

Em vista do que se acabou de dizer, conclui-se que o texto jornalístico caracteriza-se, via de regra, por apresentar posições ambíguas, polêmicas, duvidosas, muitas vezes permeadas de posturas ideológicas dos mais diversos tipos.

É preciso observar também, principalmente com relação às principais revistas brasileiras, que os textos de propaganda são extremamente criativos e muitas vezes roubam a atenção do leitor que, em princípio, deveria estar voltada para os textos da revista propriamente ditos. A "concorrência" entre os textos jornalísticos e os textos de propaganda torna-se acirrada. Para enfrentar a concorrência, o texto jornalístico não só se municia de aspectos gráficos – como tipos diferentes, cores variadas, gráficos, ilustrações, etc. – como também de recursos estilísticos dos mais diversos.

Apesar dessas divergências, tanto a linguagem jornalística quanto a linguagem formal abrigam as mesmas estruturas sintáticas, que coincidem, em sua grande maioria, com as estruturas da tradição gramatical portuguesa (regência, concordância, colocação, emprego do verbo *haver*, emprego dos pronomes, uso da voz passiva pronominal, etc.). Consulte-se, a propósito, o artigo: "Norma culta escrita: tentativa de caracterização" (ROCHA, 1999) e, principalmente, Lima (2003).

Resumindo, podemos dizer que o importante a se considerar é que tanto os textos em língua "oficial" quanto os textos em língua jornalística, apesar da diferença de estilo que os separa, caracterizam o que se pode chamar de *língua padrão do português contemporâneo* e é desses tipos de texto que devem ser extraídas as abonações que servirão de base para fixação das regras gramaticais que descreverão a língua culta escrita do português do Brasil.

PRINCÍPIO N. 8
O *corpus* da língua padrão escrita deve ser constituído de textos oficiais, técnico-científicos e jornalísticos.

Capítulo 5
COMO CONCILIAR A LÍNGUA PADRÃO, A LÍNGUA LITERÁRIA E O DIALETO DO ALUNO?

Pelo fato de termos duas modalidades básicas de língua, uma, conservadora, oficial, bem-comportada, denotativa, obediente às regras tradicionais da gramática – ou seja, a língua padrão –, e outra, ousada, libertária, inovadora, criativa, conotativa, poética, livre para desrespeitar a gramática – ou seja, a língua literária –, estamos propondo que as aulas de Português da escola fundamental sejam divididas em duas disciplinas distintas: Português e Prática Literária. O ideal seria que essas disciplinas fossem ministradas por professores diferentes, com tendências e aptidões específicas, um voltado para o ensino da língua padrão, outro para a prática da língua literária. Desse modo, ficaria mais clara para o aluno a distinção entre essas duas modalidades de língua.

Nesta seção, falaremos um pouco sobre as aulas de Prática Literária. Reservaremos o restante deste trabalho para discorrermos com mais profundidade sobre as aulas de Português, o que vale dizer, sobre o ensino da língua padrão.

O objetivo das aulas de Prática Literária é fazer com que o aluno leia e produza textos em que predomine a função emotiva da linguagem. Como vimos, eles podem obedecer ou não aos cânones gramaticais. Poderão ser analisados textos de romances, crônicas, contos e poemas, além de textos de publicidade e letras de música, sem falar, é lógico, nas produções dos próprios alunos. Nessas aulas serão também discutidos os livros de leitura extraclasse, ou seja, os livros de literatura que são lidos em casa. Como se vê, as aulas de Prática Literária serão mais especificamente dedicadas à prática da criação literária e não à Teoria da Literatura ou à Literatura propriamente dita, com o estudo dos autores, estilos de época, escolas literárias, etc. Esse é um assunto que ficará para o curso médio.

Observe-se, portanto, que nas aulas de Prática Literária procura-se explorar o lado criativo e artístico do aluno com relação ao uso da linguagem. O ideal seria que essa disciplina não tivesse nota, porque, na verdade, depois de ler um poema de Manuel Bandeira – como o transcrito a seguir – o aluno poderá também querer escrever um poema na mesma linha intimista do autor e, nesse caso, como *dar nota* a um poema?

PORQUINHO-DA-ÍNDIA

Quando eu tinha seis anos
Ganhei um porquinho-da-índia.
Que dor de coração me dava
Porque o bichinho só queria estar debaixo do fogão!
Levava ele pra sala
Pra os lugares mais bonitos mais limpinhos
Ele não gostava:
Queria era estar debaixo do fogão.
Não fazia caso nenhum das minhas ternurinhas...

– O meu porquinho-da-índia foi a minha primeira namorada.

(BANDEIRA, 1966, p. 110)

Como sabemos, *poesia não se aprende na escola*, mas o professor de Prática Literária poderá e deverá incentivar a leitura de obras literárias e de textos em que predomine uma linguagem mais emotiva, como, por exemplo, os textos de publicidade, as letras de música e as redações dos próprios alunos. É evidente que o professor também poderá e deverá incentivar a produção de textos literários e de textos em que predomine a função emotiva. Para isso, o professor deverá apenas "incentivar e orientar", mas jamais "podar" as aptidões do aluno. É por isso que nas aulas de Prática Literária não faz sentido o uso, por parte do professor, do "lápis vermelho", com a sua indefectível tarefa de corrigir os erros de português.

> Princípio n. 9
> As aulas de Prática Literária têm por objetivo facultar ao aluno a exploração do aspecto artístico da linguagem.

Pelo que ficou dito, é possível apontar uma diferença essencial – dentre outras – entre as aulas de Português padrão e as aulas de Prática Literária. Com relação às primeiras, é preciso garantir ao aluno o domínio da língua culta. Com relação às segundas, é preciso garantir ao aluno a liberdade da criação literária. O português padrão é uma técnica que será útil ao indivíduo na vida. Digamos que a escola, do mesmo modo como é obrigada a ensinar as operações fundamentais de Matemática e as noções básicas de Geografia, História e Ciências Naturais, também é obrigada a garantir ao aluno o uso dessa técnica, até certo ponto elementar, da escrita em português padrão. Estamos dizendo que é uma técnica até certo ponto elementar, porque um aluno de 8.ª série poderá dominá-la razoavelmente bem, desde que lhe seja ensinada de maneira eficiente, como pretendemos mostrar neste trabalho. Já com relação às aulas de Prática Literária, é preciso deixar claro que ninguém é obrigado a escrever contos, romances ou poesias, ou seja, ninguém é obrigado a gostar de escrever *artisticamente*. Não compete à escola "garantir" que o aluno escreva com intenções estéticas. Cabe à escola e ao professor de Prática Literária, sim, estimular que isso aconteça, mas sabendo de antemão que escrever bem, sob o ponto de vista da arte literária, é um dom que nasce com o indivíduo, do mesmo modo como há pessoas que nascem com o dom da música, da pintura, da dança, etc. É interessante observar que essa postura, que deveria ser uma "filosofia" dos professores de Português – mas não o é para muitos deles – tem sido observada e registrada por profissionais de outras áreas, como, por exemplo, pelos jornalistas, como se lê no *Manual de estilo*, da Editora Abril (1990, p. 9):

> Pois não há regras para definir o que seja "escrever bem", nem escolas para ensinar a fazê-lo. No máximo – e já é muito – consegue-se ajudar os interessados a escrever *corretamente*. O resto depende da experiência, da autodisciplina e – principalmente – do talento de cada um.

As conseqüências negativas da falta desse divisor de águas com relação à nossa disciplina, isto é, a não-divisão entre as aulas de Português e as aulas de Prática Literária, podem ser exemplificadas com este relato de Lopes (1998, p. 52):

> Nessas leituras eu procurava desenvolver bastante expressividade, chegando, sem exageros, a uma leitura "dramatizada" (alterações bastante significativas nas falas dos personagens, diferenciando-as do discurso do narrador). Voltava então a perguntar: "E agora? Quem gostou do texto?" e o número dos que tinham gostado aumentava consideravelmente, tendo havido vezes em que toda a classe se manifestava, de modo positivo, isto é, tendo gostado.

Procedimentos como esse são altamente positivos em se tratando de aulas de Prática Literária, uma vez que o que se pretende aqui é que o aluno "goste" do texto. Nesse caso, o que está em jogo é a fruição do texto, o "prazer do texto", para usarmos o título de um dos trabalhos de Roland Barthes. Aliás, cumpre dizer que é nessa obra que ele apresenta esse admirável conceito de escrita poética: "A escrita é isto: a ciência dos gozos da linguagem, seu Kamasutra" (BARTHES, 1973, p. 11). O procedimento citado por Lopes não faz sentido nas aulas de Português padrão, em que se vai ensinar ao aluno uma técnica objetiva. Seria o mesmo que, em uma aula de Matemática, o professor, após passar no quadro uma equação de 2º grau, voltasse para a turma e propusesse uma leitura "dramatizada" – assim como fez Lopes – da equação exposta à turma. Não fazem sentido, portanto, perguntas como: "Quem gostou da tabuada de 8?" Ou: "Vocês gostaram de análise combinatória?" Ou: "Que tal a bacia hidrográfica da Ásia Meridional?" Nenhum professor de Física vai esperar que, no final da aula, os alunos compartilhem entre si a "fruição de um texto" relativo à 1ª Lei da Termodinâmica.

Há uma frase criada pelo MEC há alguns anos, que foi produzida com o intuito de desmitificar a ortografia e, em especial, o uso da crase. A frase é: "A crase não foi feita para humilhar ninguém." Gostaríamos de parodiar a frase do MEC, com a finalidade de sintetizar o que foi dito nos últimos parágrafos: "O escrever bem não foi feito para humilhar ninguém." Nós, professores de Português, temos a mania de dizer que nossos alunos não redigem bem, não são originais, escrevem sempre as mesmas coisas. É preciso lembrar, como afirma Meurer (1997, p. 17), que "tudo o que alguém escreve tem um grau de *intertextualidade*, ou seja, é influenciado por – e depende de – textos que ocorreram anteriormente (BAKHTIN, 1992; FAIRCLOUGH, 1992)". Mas será que "escrever bem", sob o ponto de vista estético, é uma tarefa da escola, é um dos objetivos do ensino de Português? Defendemos a idéia de que o ensino de Português deve garantir ao aluno a liberdade da criação literária, mas não o seu "aprendizado", o que não faz sentido. Como dissemos anteriormente, "poesia não se aprende na escola". É claro que o PP deverá incentivar o aluno que demonstrar pendores para a literatura, mas jamais deverá obrigá-lo a escrever, digamos, "literariamente". O importante é dotar o aluno de uma escrita correta. O "escrever bem", como diz o *Manual de estilo* da Editora Abril, depende do talento de cada um. Será que nós, professores de Português, escrevemos bem (sob o ponto de vista estético)? Parece que nós escrevemos correta e eficientemente, o que já é uma grande conquista. São poucos os autores que percebem essa distinção tão sutil e pouquíssimos os que têm a coragem e a clarividência para tocar nesse assunto, como faz Cagliari (1995, p. 102): "A arte literária não é motivação para a escrita para todas as pessoas, pelo contrário, penso que o é de fato para poucas." Realmente o que leva um aluno a escrever corretamente não é a motivação literária, mas a preocupação em se ver inserido em uma sociedade letrada e civilizada.

A esse propósito, gostaríamos de comentar a posição de alguns teóricos do ensino de Português que afirmam que entre a escrita "certinha", mas pouco criativa de alguns alunos e a escrita carregada de erros, mas inventiva, de outros, eles, isto é, esses teóricos, preferem os segundos. De nossa parte, gostaríamos de dizer que preferimos os primeiros. Expliquemos um pouco melhor essa questão. Suponhamos um aluno que chegue ao final da 8.ª série escrevendo uma ou duas páginas de maneira razoável, no que se refere ao emprego da língua padrão, sabendo usar, por exemplo, a ortografia, a pontuação, a paragrafação e a concordância e demonstrando ser capaz de montar um texto com princípio, meio e fim. O texto desse aluno não é, contudo, original, não apresenta grandes idéias, não é, em resumo, brilhante. Suponhamos um outro aluno que apresente um belo texto, carregado de idéias originais e que seja, em síntese, um texto ousado e inovador. Mas suponhamos que esse texto apresente inúmeros problemas de ortografia, pontuação, paragrafação, etc. Não há dúvida de que a escola deve lançar um olhar especial para este segundo aluno, mas o objetivo do PP é o de formar cidadãos que consigam redigir o primeiro tipo de texto, já que os egressos das escolas serão, em sua grande maioria, bancários, enfermeiros, eletricistas, técnicos em contabilidade, eletrônica, edificação, ou ainda, médicos, engenheiros, advogados, etc. e é do domínio do português padrão que eles vão precisar. Todos sabemos que se o aluno não aprender a escrever correta e eficientemente na escola, será bem mais difícil acertar a sua escrita mais tarde. Já o aluno que escreve com inventividade, com intenções estéticas, será muito mais fácil para ele desenvolver esse lado criativo fora da escola, pois tal prática não depende dos bancos escolares. Além disso, são poucas, ou mesmo pouquíssimas, as pessoas que se dedicam de fato à prática literária, ao passo que todo indivíduo, em decorrência das exigências da sua profissão, precisa, de uma maneira ou de outra, dominar a norma culta.

Além do que foi dito, com as aulas de Prática Literária, do modo como estamos propondo aqui, parece termos encontrado uma maneira de conciliar o dialeto do aluno com uma determinada abordagem que se faz da língua na escola. Se o aluno quiser usar em sua língua literária – ou, melhor dizendo, em sua "língua libertária" – elementos do seu dialeto, que o faça sem problemas, desde que, com intenções estilísticas, sem que o professor se preocupe com a correção gramatical, mas tão-somente com a sua utilização para fins artísticos. Essa é, aliás, uma situação muito comum na sala de aula, pois freqüentemente deparamos com elementos da língua coloquial na redação dos alunos, bem como em poemas, contos e crônicas que eles apresentam.

PRINCÍPIO N. 10
O professor de Prática Literária deve incentivar o aproveitamento do dialeto do aluno, com finalidades estéticas.

Observe-se que essa é a única maneira que tem a escola de aproveitar o dialeto do aluno, ou seja, o uso desse dialeto com finalidades estéticas. Do contrário, como aproveitar a língua falada que o aluno traz de casa? Incorporando-a à língua padrão? Mas como, se a língua padrão tem os seus próprios estatutos? Fazendo-se um estudo descritivo da fala do aluno? Com que finalidade? Não há dúvida de que, sob o ponto de vista científico, a Lingüística se preocupa em descrever a língua que o aluno traz de casa. Mas qual seria a real utilidade de se fazer um estudo descritivo dessa língua em sala de aula? A nosso ver, nenhuma. Essa é mais uma das "canoas furadas" em que embarcam alguns lingüistas teóricos que nunca puseram o pé em uma sala de aula. Uma coisa muito diferente é o fato de o PP dever respeitar a língua coloquial dos alunos, aquela que ele traz de casa ou das ruas, do mesmo modo como deve respeitar os seus pés descalços, suas vestes maltrapilhas e seus dentes cariados. Isso nem é uma questão lingüística, é uma questão de humanidade e de educação, relacionada, como dissemos no início deste trabalho, com o papel do educador. Há ainda alguns teóricos da linguagem que afirmam que esse português falado pelos alunos deve ser ensinado em sala de aula. Como essa língua vai ser ensinada em sala de aula, se os alunos a dominam com muito mais facilidade do que o professor? Quantas e quantas vezes, nós, PP, nos flagramos em sala de aula, perguntando aos jovens quais são as novidades mais interessantes em termos de gíria, se ainda se usa determinada expressão, como se emprega determinada palavra ou qual o sentido, para os jovens, de determinada frase! Tudo indica que são eles que nos devem ensinar a respeito da língua que usam e não o contrário.

Além das atividades a que nos referimos (leitura e produção de textos literários), deve o professor de Prática Literária se preocupar com outras atividades paralelas em que se possa colocar em uso uma extrema liberdade de expressão lingüística: confecção de jornais escolares, apresentação de peças teatrais, concursos de poemas, contos e cartazes, debate sobre obras literárias, etc. Cremos que desse modo a disciplina denominada Prática Literária estará também dando uma grande contribuição para que o aluno exercite a sua capacidade de "pensar", ao mesmo tempo em que passará a ter uma visão e uma interpretação pessoal do mundo, tão necessária à sua formação.

PRINCÍPIO N. 11
A convivência com os textos literários contribui para que o aluno adquira liberdade de expressão lingüística e uma "visão do mundo".

Uma pergunta que se costuma fazer com freqüência com relação à separação entre o professor de língua padrão e o professor de Prática Literária, é se os alunos não ficariam mais "seduzidos" com as aulas do segundo, que são mais livres, mais legais" e mais *glamourosas* que as do primeiro. Parece haver aí um ledo engano. Vejamos por quê.

Em primeiro lugar, é preciso considerar que estamos vivendo em uma época em que a tecnologia domina todos os campos do saber e que é necessário um instrumento lingüístico adequado para expressar essa gama variada de conhecimentos. Se for bem orientado, o jovem reconhecerá a importância do domínio da língua padrão. Ele "sabe" que é nessa modalidade de língua que está escrita toda "literatura" que ele conhece: os livros técnicos e científicos, os artigos, os relatórios, os impressos, as instruções, etc.

Em segundo lugar, sabemos que há várias áreas do conhecimento humano que não são tão sedutoras como a literatura, mas que despertam um outro tipo de sedução no aluno, como, por exemplo, a informática, a biologia, o direito, a engenharia, etc.

Em último lugar, é preciso compreender que as pessoas voltadas para o estudo das ciências humanas e mesmo os indivíduos que se dedicam às artes reconhecem que o emprego da língua padrão se faz necessário em muitas circunstâncias da vida. Trata-se, antes de tudo, de uma questão pragmática.

Capítulo 6
O ENSINO DA LÍNGUA PADRÃO

Voltemos agora a nossa atenção para o que temos chamado de "aulas de Português" (e não de Prática Literária). O que se pretende é que o aluno, ao final da 8.ª série, domine razoavelmente a "língua padrão escrita e falada do português do Brasil". Em outras palavras: que ele seja capaz de usar a língua das pessoas escolarizadas da sociedade em que vive.

Como dissemos anteriormente, estamos dando uma ênfase especial no ensino da escrita. Acreditamos que o indivíduo que é capaz de escrever um texto em português padrão – em um nível razoável de textualidade – é também capaz de ler um texto informativo, ao passo que a recíproca não é verdadeira: um indivíduo poderá ler um texto informativo, sem, contudo, ter habilidade para escrever um texto em língua padrão do mesmo tipo. A experiência nos mostra exatamente isso: quantas e quantas pessoas, alunos ou não, lêem constantemente jornais, revistas, livros, artigos, relatórios, etc., mas, na hora de escrever, mostram uma total incapacidade para essa tarefa. Cremos portanto, que, embora o PP deva desenvolver intensamente em suas aulas a atividade oral e a prática da leitura, a sua preocupação deve estar voltada basicamente para a produção da escrita. Aliás, é isso que recomendam os *Parâmetros Curriculares Nacionais* (MINISTÉRIO DA EDUCAÇÃO, 2000, p. 18): "Pode-se dizer que hoje é praticamente consensual que as práticas devem partir do uso possível aos alunos para permitir a conquista de novas habilidades lingüísticas, *particularmente daquelas associadas aos padrões da escrita...*" (grifo nosso). Além disso, é preciso considerar que, fora do ambiente da Escola, o aluno e o cidadão comum estão expostos constantemente à leitura de jornais, revistas, publicações dos mais variados tipos, manuais de instrução, comunicações, avisos, tabelas, etc. Desse modo, o indivíduo fatalmente será exposto à leitura de textos depois de sair da escola. Na verdade, é a vida, a cultura, o meio e a sociedade que desenvolvem no indivíduo a capacidade de ler, experiência essa que deve ser iniciada e bem desenvolvida na escola. Mas a produção da escrita aprende-se basicamente nos bancos escolares.

> Princípio n. 12
> A atenção do PP deve estar voltada basicamente para a produção da escrita em língua padrão.

Quando falamos em língua padrão escrita, estamos nos referindo a uma modalidade específica de língua, e não à língua falada do dia-a-dia. Isso que nos parece óbvio tem sido motivo de confusão para muitas pessoas e mesmo para estudiosos da língua, como se lê em Luft (1993, p. 92):

> Com a teoria preestabelecida de que "verbos transitivos com se estão na voz passiva" (*vende-se* = *vendido*), dogmatiza-se que construções como *Vende-se livros* e *Conserta-se relógios* "constituem erros inomináveis". E assim por diante... Como não dar ao aluno, ao falante em geral, e até ao professor desavisado e ingênuo, a impressão de que só falamos errado, todos falam errado, ninguém no Brasil sabe a língua?

O dogma segundo o qual se deve usar "vendem-se livros" e "consertam-se relógios" só é válido para a língua escrita formal. Tanto é verdade que, na mesma página do comentário acima, o autor emprega o torneio padrão: "Sob o preconceito de que só a qualidade 'pode ser elevada em sua significação', *reprovam*-se formas usuais de linguagem..." (grifo nosso). Nas páginas 47 e 48 da obra em questão, o autor escreve, respectivamente: "... mesmo como profissionais de quem se *exijam* conhecimentos especiais de língua"; "Ano após ano, semestre após semestre, *repetem*-se regras e macetes." (grifos nossos). Além disso, é preciso considerar que a língua da mídia impressa contemporânea, em sua maioria, obedece aos preceitos da gramática tradicional (LIMA, 2003).

A solução pedagógica que vimos adotando, de privilegiar o ensino da língua escrita padrão em vez do ensino da língua falada, não tem nada a ver com o posicionamento epistemológico que temos adotado em trabalhos de Lingüística. Sob o ponto de vista exclusivamente científico, não há dúvida de que a língua é um fenômeno oral, e como tal deve ser analisada (ROCHA, 1998b). Parece haver, no entanto, um equívoco lastimável de alguns lingüistas, que querem levar para a sala de aula o estudo científico da linguagem humana, esquecendo-se de que a sociedade letrada em que vivemos prestigia, enfatiza e privilegia o domínio da língua padrão pelo indivíduo. Isso não é uma invenção do gramático ou do lingüista, mas da sociedade em que vivemos.

Passemos a outra questão polêmica do ensino de Português: *como* deve ser o ensino do Português padrão? Para responder a essa questão, vamos dividir a resposta em quatro partes, que serão desenvolvidas nos subitens que se seguem:

6.1 O ensino da língua padrão deve ser feito de maneira eficiente, organizada e sistemática;
6.2 O estudo da gramática é prejudicial aos alunos;
6.3 A real utilidade do estudo da gramática;
6.4 De que maneira é possível ensinar português padrão com eficiência e organicidade "sem" o auxílio da gramática?

6.1 O ENSINO DA LÍNGUA PADRÃO DEVE SER FEITO DE MANEIRA EFICIENTE, ORGANIZADA E SISTEMÁTICA

Como dissemos anteriormente, há algo no ensino de Português que não está funcionando adequadamente. Um adolescente de 13/14 anos encontra-se numa fase especial da vida, em que tem a capacidade de assimilar os mais diversos conhecimentos, de raciocinar da maneira mais fecunda, de decifrar as mais complicadas fórmulas e de analisar/interpretar/estabelecer relações/deduzir/concluir a respeito dos mais variados assuntos. Apesar de conviver cotidianamente com a língua padrão na escola durante oito anos – no mínimo –, há aluno que conclui a 8.ª série sem ser capaz de escrever um texto razoável, de acordo com as normas do dialeto padrão (como lhe será exigido pela sociedade letrada em que vive). Evidentemente que a culpa não é do aluno, como dissemos anteriormente, mas do ensino equivocado do Português, da maneira como tem sido feito em nossas escolas. Parece que alguns dos professores dessa disciplina estão perdidos, sem saber exatamente o que ensinar aos alunos. Isso se deve, em parte, ao grande número de teorias, escolas e modismos que assolaram o ensino da língua materna nos últimos vinte ou trinta anos. Saímos de um gramaticismo extremo e passamos por várias fases ou correntes, como: o estruturalismo exageradamente descritivista, a linha francesa da interpretação de textos, o gerativismo, a teoria da comunicação com o *laissez-faire* chacriniano, a escola funcional, a teoria construtivista, etc.

O que está acontecendo com o ensino de Português parece estar relacionado com a questão levantada por Zagury (1994) em *Sem padecer no paraíso: em defesa dos pais ou sobre a tirania dos filhos*. Nessa obra, que trata do relacionamento entre pais e filhos, a autora faz uma análise da passagem do rigorismo da educação tradicional para a educação liberal contemporânea. O problema é que, com relação à educação liberal contemporânea, muitos pais estão perdidos, não sabem agir com relação aos filhos. *Mutatis mutandis* é o que está acontecendo com o ensino de Português. A impressão que se tem é que há muitos professores perdidos e de que cada professor conduz o barco à sua maneira. Não se propõe aqui um monitoramento robotizado do PP, mas que sejam traçados, com muita clareza, os objetivos básicos do ensino de Português. É isso o que pretendemos fazer. O texto que se segue (VIEIRA, 1992, p. 94) resume bem o que estamos querendo dizer:

> Embora as exceções sejam numerosas, encontram-se ainda, entre os professores de português, dois tipos extremos. De um lado, aqueles mais tradicionais que organizam seus cursos, segundo modelos antigos, nos quais privilegia-se a transmissão de "pontos" da gramática normativa, acompanhada de exercícios de avaliação. Para eles, o conhecimento das regras e exceções da gramática normativa permite que os alunos escrevam, leiam e falem da melhor maneira possível. De outro, aqueles que acreditam na criatividade do aluno e na espontaneidade do ensino. Cada aula é uma aventura, onde cada um toma o seu barco e segue o seu rumo. Não há conteúdos, não há objetivos, não há direção. As consequências das duas atitudes são bem conhecidas, e dispensam comentários.

Na verdade, não se sabe o que é pior para o ensino de Português: o professor "antiquado", que só se preocupa com a correção da linguagem em todas as circunstâncias e com o ensino da gramática tradicional, ou o professor "moderninho", adepto do *laissez-faire*, que acha que tudo é válido em linguagem desde que se logre comunicar e que, em conseqüência disso, passa todo o ano apenas "admirando" as letras de música e os textos de publicidade, esperando que, com isso, o aluno seja capaz de construir textos eficientes para, por exemplo, estudar outras disciplinas ou se expressar em português padrão.

Uma outra causa de boa parte dos PP estar um tanto perdida com relação ao ensino reside, a nosso ver, nas deficiências relativas ao ensino nas faculdades de Letras. Mas essa é uma questão que vamos discutir no Capítulo 12.

O que falta ao ensino de Português é uma maior eficiência, no sentido de que ele deve ser organizado e sistemático, como é o ensino de qualquer disciplina ou de qualquer ramo do conhecimento humano.

Não há dúvida de que o estudo de texto e a redação são elementos importantíssimos para a aquisição da modalidade culta da língua materna. Mas o aluno não pode passar oito anos do curso fundamental apenas lendo e produzindo textos. Embora haja alunos que cheguem à 8.ª série dominando esse tipo de língua, apenas com essa prática, é preciso garantir efetivamente a todos os alunos o domínio da língua padrão ao final da 8.ª série. É preciso lembrar que a prática da leitura e produção de texto tem sido feita de maneira desorganizada, assistemática. Falta ao ensino da língua padrão uma organicidade e uma sistematização. Não podemos nos esquecer de que a inteligência humana – no caso, a dos adolescentes – clama por raciocínios lógicos e coerentes. Embora a língua padrão em si seja, em muitos casos, convencional, a aquisição dessa língua deve ser feita de maneira lógica e coerente. A solução para esse problema será exposta com detalhes no Capítulo 8.

Princípio n. 13
O ensino da língua padrão deve ser feito de maneira eficiente, organizada e sistemática.

6.2 O ESTUDO DA GRAMÁTICA É PREJUDICIAL AOS ALUNOS

Estamos defendendo a idéia de que o estudo da gramática, seja ela qual for – normativa, descritiva, de uso, instrumental, funcional, teórica, reflexiva, estrutural, gerativa, tradicional, histórica, etc. –, é não só dispensável, como também prejudicial ao aluno. Estamos entendendo *gramática* como uma disciplina, um tratado, uma técnica ou uma ciência que se preocupa com a descrição e/ou interpretação dos fenômenos lingüísticos. Cumpre dizer que essa é a definição mais usual do termo (cf. o dicionário conhecido como *Aurélio*). Essa descrição e/ou interpretação – que, por natureza, é explícita e envolve uma terminologia própria – é feita, via de regra, através de estudos específicos, como artigos, teses, livros, comunicações, etc., ou através dos chamados compêndios gramaticais. Tal delimitação torna-se necessária, porque há autores que afirmam, como Travaglia (1997, p. 178), que "texto é a gramática da língua em funcionamento". Embora concordemos com essa afirmativa, acrescentamos, porém, que ela só faz sentido para os lingüistas e gramáticos, que conseguem "enxergar" no texto elementos da gramática de uma língua. O falante comum usa a língua, via de regra, como um meio de comunicação, de informação ou de expressar seus sentimentos, sendo raras as vezes em que se volta para as questões metalingüísticas. Entendemos que "saber usar uma língua" não é conhecer a estrutura, o funcionamento, a gramática dessa língua, do mesmo modo como "saber usar um automóvel", isto é, saber dirigir um automóvel, não é conhecer a sua estrutura, o seu funcionamento, a sua "gramática". De acordo com a teoria chomskyana, podemos considerar que pensar, andar, respirar e falar são fenômenos similares e fazer uso deles não implica ter conhecimento consciente de seu funcionamento. Não estamos nos referindo, portanto, à *gramática subjacente*, que é inerente a todo falante nativo, mas de acesso, percepção e descrição extremamente difíceis. Que o digam os gramáticos gerativistas!

Princípio n. 14
Gramática é a descrição e/ou interpretação dos fenômenos lingüísticos.

Para defender o ponto de vista aqui adotado, de que o estudo da gramática é prejudicial ao aluno, vamos tentar, nos itens que se seguem (6.2.1 a 6.2.8), destruir alguns mitos relacionados com o ensino da gramática.

6.2.1 S<small>ABER</small> P<small>ORTUGUÊS E SABER GRAMÁTICA</small>

Antes de mais nada, gostaríamos de deixar bem claro que existe uma diferença fundamental entre saber Português – aqui entendido como saber usar a língua – e saber gramática. Também com relação ao domínio da norma culta, pode-se afirmar que uma coisa é saber redigir um texto em língua padrão e outra é saber classificar as orações, distinguir as classes de palavras, estabelecer diferenças entre raiz e radical, etc. É evidente que, para se fazer uso da língua literária e da língua falada, também não é necessário saber gramática.

Estamos preocupados basicamente com a língua padrão. É possível encontrar alunos do curso fundamental – principalmente nas séries finais – que escrevam satisfatoriamente, sem saber gramática. Essa parece ser uma constatação óbvia. Na verdade, são raros os alunos que sabem gramática, mesmo que escrevam bem. Por outro lado, tudo indica, com relação aos alunos que não escrevem satisfatoriamente, que a sua deficiência não está relacionada com o fato de não saberem gramática. O aluno escreve mal não porque não saiba gramática, mas porque apresenta um outro tipo de deficiência, como, por exemplo, o fato de não ter uma orientação adequada com relação à prática da escrita. Podemos resumir a questão do seguinte modo: se o aluno escreve mal, ou não sabe usar o português adequadamente, não serão as aulas de gramática que melhorarão seu desempenho. Se ele escreve bem, se ele sabe adequar a sua língua às diversas circunstâncias de uso, qual seria a utilidade dessas aulas? Não faz sentido, portanto, a afirmativa de que para aprender português é necessário saber gramática. Vale a pena registrar estas palavras de Luft (1993, p. 24): "Minha experiência de professor me ensinou que *os alunos mais talentosos em linguagem, futuros escritores, são os mais avessos a aulas de Gramática*" (grifo do autor). Repetimos, portanto, que saber português e saber gramática são duas atividades distintas. Essa distinção se faz necessária, porque há um grande número de pessoas que pensa que saber português é saber gramática. Mesmo entre os teóricos do assunto, nota-se às vezes uma certa confusão, como nesta passagem de Bechara (1985, pp. 16-7): "O ensino dessa gramática escolar, normativa, é válido, como o ensino de uma modalidade 'adquirida', que vem juntar-se (não contrapor-se imperativamente!) a outra, 'transmitida', a modalidade coloquial ou familiar." Com todo respeito à posição do autor, a questão deve ser apresentada da seguinte maneira: o ensino da língua padrão é válido, como o ensino de uma modalidade "adquirida", que vem juntar-se (não contrapor-se imperativamente!) a outra, "transmitida", a modalidade coloquial ou familiar.

São por demais citados os exemplos de escritores consagrados que dizem não conhecer gramática. Um dos casos mais conhecidos é o de Luis Fernando Verissimo (apud LUFT, 1993, p. 15): "... a intimidade com a Gramática é tão dispensável que eu ganho a vida escrevendo, apesar da minha total inocência na matéria". Até mesmo Machado de Assis, em depoimento a Medeiros de Albuquerque (apud LUFT, 1993, p. 24), chegou a afirmar que tinha aberto uma gramática de um sobrinho, "e ficara assombrado da própria ignorância: não entendera nada!"

Alguns defensores do ensino gramatical na escola poderão concordar que escritores, professores de outras disciplinas, jornalistas e advogados, entre outros, não sabem gramática, mas, para chegarem ao estágio em que se encontram – em que são obrigados a usar a língua constantemente –, foram obrigados a aprender gramática na escola. Essa afirmativa parece-nos gratuita. Primeiramente, porque há inúmeros "profissionais do idioma" que confessam nunca ter aprendido gramática nos bancos escolares. Em segundo lugar – e este é o argumento que nos parece mais importante – é possível encontrar em nossas escolas de nível secundário inúmeros alunos que escrevem bem e corretamente, sem saber gramática. Se é possível escrever bem e corretamente sem o aprendizado da gramática, conclui-se que ela é dispensável.

> PRINCÍPIO N. 15
> Saber Português e saber gramática são duas atividades distintas.

Para se entender melhor a distinção entre saber português e saber gramática, observemos a ilustração que se segue:

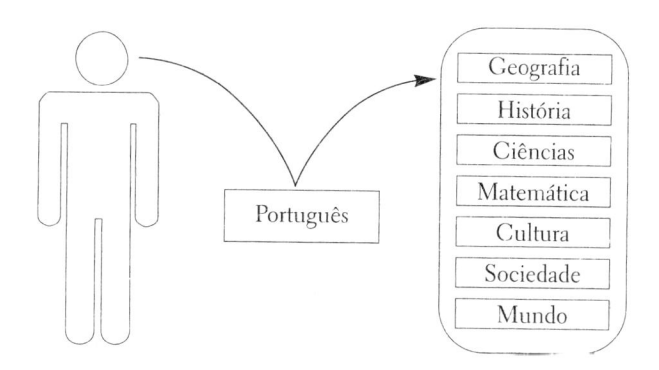

```
                          ┌─────────────┐
                          │  Geografia  │
     ○                    │  História   │
    ╱│╲     ─────╮        │  Ciências   │
     │         ╲ ↓        │  Matemática │
    ╱ ╲    ┌─────────┐    │  Cultura    │
           │Português│    │  Sociedade  │
           └─────────┘    │  Mundo      │
                          └─────────────┘
```

O indivíduo, ao entrar em contato com os conteúdos das diversas disciplinas (Geografia, História, etc.), bem como ao lidar com os conceitos relacionados com o mundo em que vive, serve-se da língua para manipular, manejar ou contatar esses conceitos. Embora a língua tenha outras funções importantes, como a expressiva, por exemplo, nas aulas de Português, o PP deve estar preocupado precipuamente com a função representativa e a função comunicativa da linguagem, ou seja, a língua deve ser interpretada como um instrumento para expressar determinados conteúdos. Em outras palavras, o PP deve cumprir a nobre missão de proporcionar ao aluno um instrumento adequado para que ele possa lidar com os diversos conteúdos que povoam o mundo que nos cerca. A língua deve ser considerada, portanto, um "meio" para alcançar esses conteúdos. Sem o domínio desse meio, o indivíduo não consegue sobreviver adequadamente na sociedade contemporânea letrada e civilizada.

Isso nos força a reconhecer que a disciplina Português, no curso fundamental, não tem um conteúdo, ou conteúdos específicos. De fato, os textos em livros didáticos dessa matéria versam, por exemplo, sobre desmatamento, violência urbana, democracia, relações familiares ou um acontecimento qualquer. Mesmo quando o PP explora os aspectos lingüísticos de um texto formal – através do estudo da sinonímia e da homonímia, por exemplo – ele o faz com o objetivo de aperfeiçoar esse instrumento que é a língua.

Voltemos à ilustração mostrada anteriormente, agora modificada:

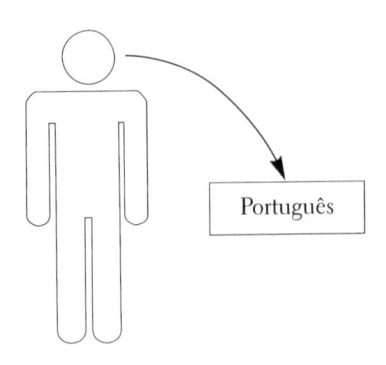

Neste caso o objeto de estudo é a língua em si. Esse estudo deve ser feito apenas no Curso Superior de Letras, através do estudo da Gramática, da Semântica, do Léxico, do Discurso, etc. Esta questão será discutida com mais rigor no Capítulo 12.

Ora, se para aprender a língua padrão não é necessário estudar gramática, qual seria a real utilidade de se aprender gramática no curso fundamental? Cremos que nenhuma. O tempo precioso que se gasta nas aulas de Português para se estudar teoria gramatical deveria ser aplicado em atividades muito mais práticas, úteis e compensadoras para os alunos, como veremos. É por isso que consideramos que o ensino da gramática na escola é prejudicial ao aluno.

6.2.2 Gramática e raciocínio lógico

Alguns professores afirmam que a gramática é útil no curso secundário, porque leva o aluno a desenvolver o raciocínio, o pensamento lógico, a capacidade de induzir, deduzir, comparar, concluir, abstrair, estabelecer causas e conseqüências, etc. Consideramos essa posição equivocada, por vários motivos. Vamos, porém, ater-nos ao essencial: a língua deve ser considerada como um meio, e não como um fim. No nível secundário, o importante é levar o aluno a ler e a escrever adequadamente. A atividade de comparar, deduzir, concluir, etc., deve ser feita – e efetivamente tem sido feita – com os conteúdos de outras disciplinas, como as Ciências Naturais, a Matemática, a Geografia, a História, além, é evidente, do estudo e interpretação de textos da nossa disciplina. Mas é preciso considerar, por exemplo, que, para o desenvolvimento do pensamento lógico, o estudo da Matemática é inegavelmente melhor do que o estudo da gramática. Portanto, como afirma Vilela (1995, p. 37), "... estabelecer-se um conteúdo como objeto de estudos unicamente como pretexto para se fazer um exercício de inteligência, não chega a ser a melhor alternativa, uma vez que tantos outros conteúdos poderiam representar, para o aluno, mais vantagens e mais prazer". É claro que, como sugerimos no princípio n. 11, a interpretação de textos literários, quer se trate de excertos, quer se trate de obras inteiras (como na leitura extraclasse), é de fundamental importância para a visão do mundo, o que vale dizer, para o desenvolvimento do raciocínio lógico. Mas, repetindo, o domínio da língua padrão deve ser encarado como um meio, e não como um fim.

Suponhamos que seja possível concordar com essa posição: de que o estudo da gramática contribui para o desenvolvimento do raciocínio lógico do aluno. É preciso considerar, no entanto, que a própria descrição gramatical, da maneira como tem sido feita pela gramática tradicional, é, em linhas gerais, incoerente, ilógica, irracional, apresentando, portanto, uma série de problemas e contradições. Como afirma Dillinger (1995, p. 33):

> ... as definições que essas gramáticas propõem são incoerentes, tanto dentro de uma gramática, quanto entre uma gramática e outra. Por exemplo, uma gramática conceitua "sujeito" como o "ser que pratica a ação do verbo" enquanto outra gramática o define como "o elemento da frase com o qual o verbo concorda". Hauy (1987) dedica um livro inteiro à identificação e exemplificação dessas incoerências nas gramáticas mais usadas do Brasil. Perini (1986) também discute este mesmo problema.

A impressão que se tem é de que os professores de Português têm o costume de "empurrar" para os alunos os diversos conceitos gramaticais, pouco importando se esses conceitos são lógicos, compreensivos, coerentes, etc. Os alunos, pobres coitados, não têm argumentos para contestar a "sabedoria" do professor, mesmo porque lhes foi passado que o aprendizado da gramática é algo sagrado: equivale mais ou menos ao aprendizado da Bíblia. Discordar da gramática, assim como discordar da Bíblia, é um ato de heresia. Isso nos faz lembrar estas palavras do naturalista inglês Charles Darwin (2000, p. 49), a respeito de certos conteúdos que eram ensinados na escola: "Nunca me ocorrera o quanto era ilógico eu dizer que acreditava no que não conseguia compreender e que, na verdade, era ininteligível."

> Princípio n. 16
> O estudo da gramática não contribui para o desenvolvimento do raciocínio lógico do aluno.

6.2.3 Necessidade de um estudo autêntico e coerente da gramática no ensino fundamental

Algumas pessoas afirmam que o estudo do Português vai mal, porque não se faz nas escolas um estudo sério e aprofundado da gramática tradicional.

É preciso considerar, no entanto, que há inúmeras questões apresentadas pela gramática tradicional que permanecem mal resolvidas pelos gramáticos há anos e anos. Entre os problemas apontados por Dillinger (1995) – como também por Perini (1986) e Hauy (1987), entre outros autores –, convém lembrar questões aparentemente banais e que são ensinadas corriqueiramente pelos professores em sala de aula, mas que, se forem analisadas a fundo, apresentam dificuldades que só podem ser discutidas nas aulas de graduação em Letras, ou mesmo de pós-graduação. São questões do tipo: classes de palavras, distinção entre adjetivo e advérbio ou entre preposição e conjunção, caracterização das flexões nominais, diferença entre substantivo concreto e abstrato, etc. Isso para ficarmos na "matéria" que é dada nas séries iniciais do curso fundamental. De duas, uma: ou o professor dá uma "tintura superficial" com relação aos problemas desse tipo (muitas vezes obrigando o aluno a decorar as questões gramaticais) – o que é deplorável, porque os alunos acabam percebendo, às vezes inconscientemente, a ilogicidade e a impraticabilidade dessa postura –, ou o professor se cala definitivamente sobre esse assunto (o estudo da gramática explícita) e parte para soluções incertas, indecisas, inseguras, em que "cada aula constitui uma aventura, onde cada um toma o seu barco e segue o seu rumo", como vimos com Vieira (1992, p. 94).

É necessário deixar claro que é impossível fazer uma análise coerente, lógica e satisfatória das questões gramaticais em nível fundamental por diversos motivos: por haver pouco tempo, por se estar propondo ao aluno uma atividade inócua, que não leva a resultados imediatos e mediatos, por não haver motivação por parte do aluno e do professor, mas também por ser uma atividade imprópria para a faixa etária de 7 a 14 anos. De fato, a análise lingüística, se se deseja que seja feita de maneira científica, ou seja, racional e despreconceituosa, é algo extremamente abstrato, teórico e profundo, como, por exemplo, são os estudos psicanalíticos, a física quântica e o cálculo matemático. Que se consulte qualquer livro de análise lingüística para se comprovar o que estamos dizendo. Cremos mesmo que a grande maioria dos professores, uma vez formada, dificilmente abre um livro de análise lingüística, o que, em si, não é nenhum desdoiro para o PP, mas vem confirmar o ponto de vista que desenvolveremos no Capítulo 12, segundo o qual o estudo da lingüística e o ensino de Português são atividades relacionadas, mas independentes. Um reflexo do que acabamos de dizer pode ser confirmado na passagem transcrita a seguir (BAPTISTA, 1980, p. 50). Após constatar a complexidade do estudo das locuções verbais desenvolvido pela professora Eunice Pontes em *Verbos auxiliares em português* e depois de citar o *Aspects of the Theory of Syntax*, de Chomsky, em que é discutido o mesmo assunto, a autora afirma:

> Entretanto, só podemos tratar da locução verbal com crianças de 10 a 12 anos, com critério simples e claro, embora já se possa ir conscientizando-as de que é assunto controvertido ainda para estudiosos da língua e que, portanto, não cabe ao professor adotar uma posição radical e dogmática, mas deixar que a intuição lingüística do aluno se manifeste e o oriente.

Uma posição parecida é a que tem Azeredo (1998, p. 164) com relação ao mesmo assunto (locuções verbais):

> Ordinariamente, tenho feito como a média dos professores de português, que cientes das fragilidades da análise que lhes compete ensinar, fingem alguma tolerância com a hesitação dos estudantes, e aceitam, de cabeça fria, que uma construção como "o ladrão tentou escapar" seja classificada quer como período simples, com o verbo "tentar" no papel de auxiliar,

quer como período composto, com um verbo transitivo complementado por um infinitivo. Nosso consolo é que esta dúvida não acomete apenas o pessoal da linha de frente da batalha pedagógica.

A pergunta que deixamos registrada aqui é: vale a pena discutir com os alunos da 1.ª a 8.ª série "um assunto controvertido ainda para estudiosos da língua" e "para o pessoal da linha de frente da batalha pedagógica", ou é melhor passar "uma tintura de verniz" para "tapear" os alunos? Parece que nem uma nem outra é a solução adequada, porque ambas pressupõem o ensino de gramática nas aulas de Português, o que é, a nosso ver, dispensável.

> Princípio n. 17
> A análise gramatical coerente e racional do português é uma atividade inadequada para alunos de nível fundamental.

Quando se afirma que "a análise gramatical coerente e racional do português é uma atividade inadequada para alunos de nível fundamental", uma pergunta pode surgir: quando um aluno tem uma determinada dúvida em português, geralmente ele não recorre à gramática para sanar essa dúvida? Em outras palavras: se o professor afirma para o aluno que o "certo" é *para eu fazer* e não *para mim fazer*, o aluno não vai perguntar por que, ou seja, não vai se interessar pela explicação gramatical que justifique essa solução? Vamos apresentar três respostas a essa questão.

Em primeiro lugar, é preciso reconhecer que a dúvida das pessoas normalmente não se refere à questão gramatical, mas ao emprego efetivo na fala ou na escrita de tal ou qual palavra ou expressão. Em *isto é para mim/eu fazer*, as pessoas não perguntam se *mim/eu* é o sujeito da oração, mas, simplesmente, "qual é o certo em português". Na verdade, o que ocorre constantemente é que, ao dar a resposta considerada correta, muitas vezes o professor pergunta: "– Você quer saber o porquê dessa resposta, ou seja, você quer saber a explicação gramatical da resposta?" Normalmente, antes que o PP comece a explicação gramatical, o aluno já está longe – física ou mentalmente – pois não lhe interessam as justificativas gramaticais para tal ou qual desempenho lingüístico.

Em segundo lugar, vamos considerar a verdade contida no ditado: "O uso do cachimbo deixa a boca torta." Em outras palavras, em uma casa em que só se fala em pecado e em que tudo é pecado, é provável que na primeira vez em que a moça "pegar na mão do rapaz", ela seja acometida da dúvida: "Será que isso é pecado?" A mesma coisa se diga com relação à aula de Português. Se o professor somente dá aula com base na gramática, é provável que os seus alunos sejam acometidos freqüentemente de dúvidas gramaticais. Mas se o professor adota outros métodos em que não seja necessário o ensino da gramática explícita, é evidente que o aluno não será "atormentado" por essas dúvidas gramaticais.

Em terceiro lugar, é indispensável lembrar que as gramáticas são livros de difícil consulta. Na verdade, para se consultar a gramática, é necessário saber gramática, do mesmo modo como, para se consultar o Código Civil, é preciso ter conhecimentos de Direito Civil. E como hoje em dia poucas pessoas sabem gramática, obviamente, a consulta a um compêndio gramatical se torna uma tarefa difícil, penosa e cansativa para os alunos e para as pessoas em geral. Observe-se a dificuldade que terá o leigo para localizar uma resposta para a pergunta do parágrafo anterior ("isto é para mim/eu fazer"). Experimente também o leitor-leigo – e mesmo o não-leigo – encontrar na *Nova gramática do português contemporâneo*, de Cunha e Cintra (1985), as páginas referentes do estudo da crase! O leitor verá como é difícil encontrar esse assunto! Além disso, as gramáticas apresentam inúmeras teorias que, para o leigo, não têm nada a ver com o efetivo desempenho lingüístico do indivíduo na fala e na escrita. De fato, que proveito podem ter para o cidadão comum a classificação dos pronomes, a distinção entre as orações subordinadas substantivas e as subordinadas adverbiais e o estudo da fonética articulatória?

A solução para o problema é, a nosso ver, simples e lógica: se alguém tem dúvida com relação ao emprego de determinada expressão, a resposta deve ser procurada em livros que tratem do emprego efetivo de palavras, expressões e frases do português. De fato, a bibliografia nacional dispõe de bons livros que tratam do assunto. Esses livros devem ser de fácil consulta e não precisam usar terminologia gramatical. No final deste livro (referências bibliográficas), o leitor encontrará indicações de alguns livros desse tipo.

6.2.4 A INCORPORAÇÃO DOS TERMOS GRAMATICAIS À FALA COMUM DO INDIVÍDUO

Certas pessoas afirmam que o estudo da gramática é necessário, porque há alguns termos gramaticais que se aprendem na escola e que são usados no dia-a-dia, sendo, portanto, úteis para toda a vida. São palavras como: *sentença, frase, oração, palavra, singular, plural, masculino, feminino, verbo, adjetivo, sinônimo, antônimo, coletivo,* etc.

Em primeiro lugar, é preciso considerar que essas palavras não são em tão grande número, como se poderia pensar. Em decorrência disso, pode-se perguntar: justifica-se estudar anos e anos de gramática na escola – roubando o tempo de outras atividades mais importantes – com o intuito de se aprender algumas poucas palavras relacionadas com o ensino da gramática e que serão usadas no dia-a-dia? Tudo indica que a resposta é negativa.

Em segundo lugar, há certas palavras, ou noções, que pertencem ao domínio comum, ou seja, não há a necessidade de que a criança passe pelos bancos escolares para incorporá-las ao seu léxico. A mãe não precisa esperar que o filho entre para a escola para lhe dizer: "– Meu filho, não diga mais essa *palavra!*" ou "– Que *frase* mais linda é essa!" O mesmo raciocínio se aplica ao fato de que o cidadão comum emprega vários termos e expressões da Psicologia em sua fala cotidiana, como *transferência, projeção, ego-auxiliar, super-ego, estresse, feedback, libido,* etc. Para conhecer esses termos, não há necessidade de estudar Psicologia em curso superior.

Por fim, é preciso lembrar que, ao usarmos em nossos trabalhos e em nossos exercícios (como faremos no capítulo 9) vocábulos como, *frase, palavra, coletivo, singular, plural, masculino, feminino,* etc., temos consciência de que o faremos: 1º – de maneira muito parcimoniosa; 2º – com a certeza de que não estamos empregando esses termos no sentido técnico, mas no sentido geral que essas palavras possuem; 3º – certos de que jamais exigiremos de nossos alunos a definição e a classificação desses conceitos, como se faz na gramática tradicional.

> PRINCÍPIO N. 18
> O cidadão comum não precisa estudar gramática para aprender os termos gramaticais empregados na fala cotidiana.

6.2.5 O estudo da "gramática essencial"

Há uma boa parte dos professores de Português que é partidária da seguinte posição: o ensino da gramática deve se limitar a certas noções básicas, essenciais, para que o aluno saiba um mínimo de gramática. Já consideramos anteriormente essa posição equivocada, porque não vemos utilidade em aprender gramática, mesmo que seja "só o essencial". Além disso é difícil definir o que vem a ser esse "essencial". Há, porém, uma conseqüência mais grave nessa posição. Dá-se o que temos chamado em nossas aulas de "efeito arrastão" ou de "efeito dominó", e que pode ser caracterizado da maneira que se segue.

Suponhamos que um professor considere que a noção de sujeito seja essencial para o estudo de português. Ao ensinar o que é sujeito, o professor precisará ensinar também o que é predicado. Acontece que algum aluno poderá perguntar se toda oração tem sujeito. Em vista disso, o professor dirá que não, que há orações sem sujeito. Como conseqüência, o professor se sentirá na obrigação de falar em sujeito indeterminado, sujeito oculto, sujeito posposto, e assim por diante. Aproveitando o "embalo", "para não perder a caminhada", o professor poderá falar em predicado nominal, verbal e verbo-nominal; em verbo intransitivo, transitivo direto, transitivo indireto, etc. Quando o professor der conta de si, já estará no fim do semestre, ou no fim do ano, e ele não terá ensinado "português" aos alunos, e sim, "gramática".

O mesmo se diga com relação a outras questões de português: como se poderá falar em substantivo, sem se falar em adjetivo, sem se falar em verbo, sem se falar em advérbio, etc.? O "efeito arrastão" é altamente pernicioso aos alunos, porque há certos professores de Português que, quando começam a ensinar gramática a seus alunos, não param nunca mais. Como afirma Franchi (s/d), "e de 'assim por diante' em 'assim por diante' se vai empurrando para os alunos toda a gramática". Como se vê, o PP não deve cair na tentação de ensinar "ao menos aquela teorização necessária para aperfeiçoar seus atos de comunicação", como sugere Luft (1993, p. 105):

> ... mas ele [o aluno] ficará mais seguro, mais senhor de sua linguagem, se for levado a "saber" também conscientemente, explicitamente; depois da teorização implícita, intuitiva, construir alguma teorização explícita, discursiva, raciocinada, ao menos aquela teorização necessária para aperfeiçoar seus atos de comunicação.

Princípio n. 19
Ensinar gramática, mesmo que seja só o essencial, é desaconselhável, pois provoca o "efeito arrastão".

6.2.6 A GRAMÁTICA E O CONHECIMENTO REFLEXIVO DA LÍNGUA

Há alguns autores que afirmam que o ensino gramatical é necessário ao aluno para que ele possa refletir a respeito de sua própria língua. A gramática reflexiva seria, portanto, um instrumental de que ele disporia para compreender melhor a estrutura, a essência do seu principal meio de comunicação. Ora, não existe uma maneira mais direta e efetiva para se conhecerem as entranhas de uma língua do que através do estudo de textos, quer se trate de textos informativos, como nas aulas de Português, quer se trate de textos "libertários", como nas aulas de Prática Literária. Aliás é dessa maneira que entende o problema a publicação do MEC intitulada *Parâmetros Curriculares Nacionais* (MINISTÉRIO DA EDUCAÇÃO, 2000, p. 79), quando afirma: "No que se refere às atividades de leitura, o trabalho de reflexão sobre a língua é importante por possibilitar a discussão sobre diferentes sentidos atribuídos aos textos e sobre os elementos discursivos que validam ou não essas atribuições de sentido." Cumpre também lembrar que o estudo do vocabulário, que pode ser feito das maneiras mais variadas possíveis, constitui um ótimo meio para se refletir sobre a própria linguagem, como lembra Bechara (1985, p. 28):

Ainda sem sair do campo das ciências lingüísticas, pode o professor ampliar o conhecimento reflexivo do idioma nacional e do mundo objetivo que circunda o falante através do estudo e análise metódica do vocabulário, importante e extensa zona da língua que, pelo menos na concepção tradicional, escapa à jurisdição da gramática.

> PRINCÍPIO N. 20
> O conhecimento reflexivo da língua deve ser feito através do estudo de textos.

Desse modo, poder-se-á garantir uma atividade de reflexão sobre a língua, mas é preciso deixar claro que essas atividades a que estamos nos referindo são *epilingüísticas*, ou seja, estão voltadas para o uso da língua. É preciso não confundir com as atividades *metalingüísticas*, dispensáveis em nossa proposta, em que se faz uma descrição e uma análise, através da categorização e sistematização dos elementos lingüísticos. As atividades *epilingüísticas*, relacionadas com o uso efetivo da língua no texto, poderão versar sobre: natureza das frases utilizadas, tipos de palavras e expressões, estratégias discursivas, recursos estilísticos, emprego de sinônimos, etc. (como veremos na seção 7.2). A esse propósito convém lembrar estas palavras de Franchi (1987, p. 20):

> Interessa pouco descobrir a melhor definição de substantivo ou de sujeito ou do que quer que seja. (...) Mas interessa, e muito, levar os alunos a operar sobre a linguagem, rever e transformar seus textos, perceber nesse trabalho a riqueza das formas lingüísticas disponíveis para suas mais diversas opções.

6.2.7 A "GRAMÁTICA DO TEXTO"

É igualmente problemática a posição de certos professores que sugerem a adoção de uma "gramática do texto" no ensino de Português. Essa gramática do texto consistiria no seguinte: ao se estudar um texto, toda vez que aparecer um fenômeno gramatical relevante, este deverá ser explicado e analisado. Em discordância com esse expediente metodológico, pode-se argumentar o seguinte: o que deve ser considerado um fenômeno gramatical relevante? Qual é o critério para se determinar quais os fenômenos lingüísticos que devem ser analisados? Tal atitude não poderia fazer o professor retornar a uma "gramatiquice" sem fim? Esses, contudo, não parecem ser os problemas mais graves. O problema mais grave consiste no perigo de que esse método se torne uma verdadeira "salada gramatical", como passamos a demonstrar no parágrafo que se segue. Antes, porém, convém lembrar que, ainda que o propósito do professor seja o de explicitar os fenômenos lingüísticos que são relevantes para a compreensão e exploração do texto, parece haver aí dois equívocos.

Em primeiro lugar, é preciso considerar que para a explicitação desses fatos gramaticais é necessário que o aluno tenha um domínio prévio de noções gramaticais, o que ele, via de regra, não tem. Para que o professor fale de voz passiva, oração subordinada, sujeito indeterminado, verbo de ligação, etc., é preciso que o aluno tenha um conhecimento anterior do assunto ou, caso contrário, o professor deverá ensinar esses conteúdos gramaticais. Ora, isso significa cair no estudo da gramática pura, o que é, como sabemos, condenável.

Em segundo lugar, admitindo-se que esse conhecimento prévio não seja importante, que os fatos gramaticais possam ser avaliados à medida que aparecem no texto, corre-se o risco, como dizíamos, de que esse tipo de estudo se torne uma verdadeira "salada gramatical", em que, depois de se realçar um emprego interessante da voz passiva, parte-se logo em seguida para uma explicação de um caso de colocação pronominal, seguida de uma regência verbal original, que, por sua vez, vai desaguar em um emprego estilístico de um verbo defectivo, etc., etc., etc. Desse modo o aluno nunca terá uma noção de conjunto da gramática, nunca perceberá a importância do conceito de estrutura, de oposição, de solidariedade das partes, etc. (no caso de o professor achar que o estudo da gramática é importante). Ora, por ser um tratado, um estudo, uma exposição lógica de dados e de fatos – assim como o são a Biologia, a Física e a Geografia, por exemplo – a gramática é, por definição, sistemática. É o que a esse respeito afirma Franchi (1987, p. 8): "... quanto à gramática, uma tal de gramática assistemática; há certamente uma contradição nos termos".

Há uma outra corrente de professores que afirma que a gramática do texto é a capacidade ou o fato de uma criança construir um sintagma, uma frase ou um texto, por exemplo. Desse modo, a criança faz uso de uma gramática ao dizer: "– Meu irmãozinho foi na praça passear com o Teco." Essa seria a "gramática textual" a que se referem alguns professores. Parece estar havendo aqui um engano. A criança possui, é verdade, uma gramática internalizada, mas ela é inconsciente, intuitiva, de difícil acesso. De fato, os gramáticos gerativistas "quebraram a cabeça" – e "continuam quebrando" – para explicitar e analisar essa gramática subjacente. Quando a criança afirma que alguém foi à praça *brincar com o Rubinho*, ela coloca a preposição *com* no início do sintagma de maneira intuitiva, inconsciente. Não há aqui uma "descrição e/ou interpretação dos fenômenos lingüísticos" (cf. princípio n. 14). A explicitação, a descrição e a interpretação dos fenômenos lingüísticos são feitas *a posteriori* por especialistas no assunto, geralmente, gramáticos gerativistas.

Princípio n. 21
A gramática do texto é uma prática desaconselhável, porque se transforma fatalmente em "salada gramatical".

6.2.8 A necessidade do estudo da gramática por causa dos vestibulares, concursos públicos, programas das escolas, secretarias de educação e planos nacionais de ensino

Há certas pessoas que defendem o estudo da gramática nas escolas pelo fato de ser ela exigida nos vestibulares, concursos públicos, programas de escolas, etc. Contra essa postura, apresentamos os seguintes argumentos:
A) Os vestibulares nas grandes universidades, principalmente nas públicas, têm exigido, cada vez menos, questões relacionadas com a gramática. Como se sabe, essas universidades, devido ao seu inegável prestígio, têm sido as balizadoras que norteiam e orientam os exames vestibulares das instituições particulares. Sem se esquecer

do conhecimento objetivo, observa-se que, nos últimos tempos, o que tem sido exigido do candidato ao curso superior está muito mais relacionado com a sua capacidade de reflexão, raciocínio e crítica, cobrando-se dele uma postura avaliativa perante os mais diversos problemas. Com relação ao Português, o que se espera dele é a capacidade de acesso à informação – indispensável no mundo contemporâneo –, através da interpretação dos mais variados tipos de texto, bem como o conhecimento de algumas modalidades de língua e o domínio da variante reconhecida como padrão.

B) Com relação aos concursos públicos, é bem verdade que ainda é possível encontrar neste País certos órgãos e instituições – do tipo, assembléia legislativa, tribunal de contas, polícia federal – que insistem na idéia de que saber português é decorar qual é o feminino de *cupim*, o coletivo de *borboleta* ou ser capaz de classificar uma oração como sendo uma *subordinada substantiva completiva nominal reduzida de gerúndio*. O que parece estar acontecendo é que funcionários burocráticos desses órgãos, formados em Letras ou em Direito há quarenta anos – ou, às vezes, nem formados –, são convocados pelas respectivas chefias para elaborar a prova de Português, e o primeiro modelo que lhes vem à mente são aqueles tipos de questão em que se exigia uma "gramatiquice" hoje completamente ultrapassada. A pergunta que se deve fazer é: são esses burocratas que devem orientar a política do ensino do Português ou somos nós, professores da língua materna, com os nossos estudos, discussões, reflexões, com os nossos trabalhos escritos e comunicações, que devemos estabelecer as bases, os princípios e os parâmetros que nortearão o ensino do idioma nacional? Na verdade, temos que lutar pela mudança dessa situação e, ainda que muito vagarosamente, é possível observar algumas modificações nesse sentido. Como afirma Bagno (2000b, p. 121), "cabe a nós, professores, pressionar pelos meios de que dispomos – associações profissionais, sindicatos, cartas à imprensa – para que as provas de concursos sejam elaboradas de outra maneira, trocando as velhas concepções de língua por novas".

C) Com relação aos programas das escolas (geralmente estabelecidos pelos coordenadores de área), aos programas elaborados pelas secretarias de educação, aos planos nacionais de ensino, bem como aos conteúdos gramaticais apresentados pelos livros didáticos, é preciso reconhecer que temos assistido a uma mudança de postura em certos setores, que estão passando a se preocupar basicamente com o desempenho lingüístico do aluno, embora esses setores, é verdade, não consigam se ver totalmente livres do jugo da gramática. Lembremo-nos também de que há uma pressão generalizada da sociedade, através dos pais de alunos, dos profissionais liberais, das pessoas mais velhas e dos intelectuais passadistas e ultrapassados, no sentido de que seja dada gramática em sala de aula, pois, caso contrário, a língua portuguesa, um dos símbolos da nacionalidade, não estaria sendo estudada nas escolas. Ora, o que se nota aqui é, mais uma vez, uma confusão entre estudar a língua e estudar a gramática. Embora o PP tenha que se preocupar com esse tipo de problema e seja obrigado a aprender a se defender desse tipo de pressão, devemos dizer que, aqui, estamos preocupados com uma outra questão – ligada ao que acabamos de expor, não há dúvida –, mas que apresenta uma natureza diversa dos problemas aqui apresentados: estamos preocupados muito mais com a *convicção* que o PP deve ter com relação a esses assuntos do que com os fatos em si. Se o PP estiver convicto de determinadas posições, certamente ele saberá se defender de influências nefastas no ensino de Português.

6.3 A REAL UTILIDADE DO ESTUDO DA GRAMÁTICA

Antes de terminarmos este item, gostaríamos de perguntar: afinal, o estudo da gramática tem alguma utilidade? Por mais paradoxal que possa parecer, diremos que sim, e muita. Apesar de tudo o que dissemos, defendemos a idéia de que a gramática deve ser estudada profundamente no curso superior de Letras (e apenas nesse curso superior), na disciplina intitulada Lingüística, que é a instância adequada em que se faz o estudo científico da linguagem humana. Mas esse assunto será discutido no Capítulo 12.

E como fica a questão do ensino de Português no curso médio? Gostaríamos apenas de fazer a seguinte pergunta: se o aluno pode sair da 8ª série em condições satisfatórias de ler e redigir textos em português padrão afinal é esse o objetivo principal do curso fundamental –, qual seria a real utilidade do estudo da gramática no curso médio? Parece-nos que nenhuma. No curso médio, o aluno deve continuar praticando a produção da leitura e a produção da escrita, sempre com a orientação do PP, mas deve voltar a sua atenção para o estudo exclusivo da literatura. Mas essa é uma questão que será discutida no Capítulo 12.

6.4 DE QUE MANEIRA É POSSÍVEL ENSINAR PORTUGUÊS PADRÃO COM EFICIÊNCIA E ORGANICIDADE "SEM" O AUXÍLIO DA GRAMÁTICA?

A esta altura das discussões, o caro Colega, professor de Português, que nos honra com a sua leitura, poderá julgar que estejamos caindo em contradição e perguntar: como é possível ensinar o português padrão de maneira orgânica, sistemática (como propusemos no princípio n. 13), sem o auxílio da teoria gramatical (como propusemos na seção anterior)?

Como dissemos na Introdução deste trabalho, não basta dizer simplesmente, por exemplo, que o ensino da gramática é dispensável ou prejudicial ao aluno. Não basta apontar os vícios do ensino gramatical, uma tarefa relativamente fácil hoje em dia, e que tem sido feita por diversos autores. O difícil é apresentar uma proposta concreta, funcional, viável, inteligente e convincente. Já dissemos que a proposta de o aluno passar oito anos do nível fundamental "apenas" interpretando textos e fazendo redações é ingênua, ineficaz e contraproducente, embora reconheçamos, é evidente, a importância dessas atividades. Além da leitura e produção de texto, estamos propondo que o ensino de Português deve contar também com uma atividade de fundamental importância, a que daremos a denominação de EXERCÍCIOS EM LÍNGUA PADRÃO (ELP). Essa atividade dará à nossa proposta essa organização e sistematicidade a que nos referimos. Dessa maneira, uma LIÇÃO DE PORTUGUÊS, que servirá de unidade básica para a PRÁTICA EM LÍNGUA PADRÃO (PLP), deverá constar de três módulos:

- PRÁTICA DA LEITURA   PL
- EXERCÍCIOS EM LÍNGUA PADRÃO   ELP
- PRÁTICA DA ESCRITA   PE

Capítulo 7
A PRÁTICA DA LÍNGUA PADRÃO

Sintetizando o que dissemos até aqui, podemos dizer que a nossa preocupação está voltada para o ensino do Português como um todo. Nosso método pretende, portanto, ser orgânico e não um emaranhado de condenações e de sugestões, como se encontra em muitos artigos e livros que tratam do assunto. Dividimos inicialmente o ensino de Português no curso fundamental em duas disciplinas distintas: Português e Prática Literária. O PP se preocuparia com o ensino da língua padrão e o professor de Prática Literária com o desenvolvimento das aptidões relacionadas com a prática da criação literária. Por motivos diversos, estamos fixando a nossa atenção na questão do ensino da língua padrão. Somos também de opinião de que a distinção entre o PP e o professor de Prática Literária seja feita a partir da 3.ª série. Na 1.ª e 2.ª séries o professor e o aluno estão envolvidos com a alfabetização e com a fixação da ortografia. A partir da 3.ª série, o aluno já é capaz de estabelecer a distinção entre a liberdade de criar e o emprego da língua padrão. Daqui por diante, estaremos nos preocupando especialmente com o ELP, embora, mais uma vez, reconheçamos a fundamental importância da PL e da PE. Isso se torna necessário, porque, na verdade, o ELP, além de ser a novidade no método que estamos propondo, é a argamassa que impregnará a nossa proposta de organicidade. Para facilitar a sua identificação – como dissemos na Introdução – estamos dando a essa proposta a denominação de Método GNM (Gramática: Nunca Mais).

> PRINCÍPIO N. 22
> O ELP (Exercício em Língua Padrão) constitui a essência da nossa proposta, porque é ele que confere ao Método GNM a noção de organicidade.

7.1 AS BASES TEÓRICAS DA PLP

Sabemos que as concepções teóricas que formam o arcabouço filosófico da Gramática Gerativa são unânimes em afirmar que todo indivíduo nasce com uma predisposição intuitiva, natural e biológica para a aquisição de uma língua (CHOMSKY, 1965). A faculdade de linguagem é, portanto, um dom natural: do mesmo modo como aprende a caminhar, a respirar e a dormir, o ser humano fatalmente irá aprender a falar. Mas a língua que a criança vai aprender a falar será a língua da comunidade em que ela estiver inserida. Sabemos que um recém-nascido brasileiro, por exemplo, se for levado para a Alemanha, irá não só aprender a falar alemão, como também a "pensar em alemão". Este é um dado óbvio e que servirá como aporte para o método que estamos propondo. Quando da aquisição da linguagem, a criança, além de possuir essa predisposição natural pelo uso da linguagem, passa por um tipo especial de aprendizagem em uma língua específica, através do contato com os pais, irmãos, babás, amigos, etc. Essa aprendizagem apresenta as seguintes características:
- é feita de maneira intuitiva;
- é feita de maneira intensiva;
- é feita de maneira assistemática;
- conta com um método extremamente eficiente, porque, além de repetitiva, é muito motivada, pois a criança precisa pensar e se comunicar em uma determinada língua;
- é feita sem o auxílio de nenhuma gramática explícita.

Do mesmo modo como uma criança adquire uma língua natural através de internalização e de um tipo especial de treinamento, essa mesma criança, ao entrar para a escola, precisa também passar por uma prática para dominar uma outra modalidade de língua, a língua padrão, com algumas características diferentes de sua língua natural. Como afirma Luft (1993, p. 103): "O objetivo, na escola, é ensinar a (gramática da) língua culta? Pois então, o racional, o sensato e o inteligente é propiciar isso mediante a *exposição do aluno ao funcionamento da língua culta*: falas, gravações, textos orais e escritos, etc." Com o processo de aquisição da modalidade culta da língua, dá-se o mesmo processo de aperfeiçoamento e tecnização de certas atividades naturais do homem, como correr, saltar e cantar. Para correr ou saltar com finalidades olímpicas ou para cantar profissionalmente, é necessário passar por um treinamento especial. No caso da aquisição da língua padrão, essa prática, que estamos denominando PLP, é diferente da aprendizagem para a aquisição da língua natural por três motivos básicos:

- o tipo de língua que a criança passa a dominar não é natural, ou seja, apresenta características artificiais e convencionais, o que dificulta o seu aprendizado;
- a motivação para a aquisição da língua padrão é bem reduzida, comparando-se com a motivação para a aquisição da língua natural, já que esta é uma necessidade imediata do indivíduo e aquela, não;
- a freqüência de treinamento é também diferente: a criança é bombardeada por todos os lados pela língua natural, ao passo que a PLP é feita, via de regra, na escola, mesmo assim em ocasiões específicas.

Respeitadas as diferenças entre a aquisição da língua natural e a modalidade culta da língua, cumpre observar o seguinte: a tarefa de adquirir a língua natural é bem mais complexa do que a tarefa de dominar a modalidade padrão da língua. No primeiro caso, estamos aprendendo uma língua e, no segundo, estamos apenas adaptando-a a uma nova circunstância. Se não há necessidade de aprender gramática explícita para adquirir uma língua, por que haveria necessidade de aprender gramática para adaptar a língua a uma nova circunstância? Se a prática para a aquisição da língua natural é eficiente, como dissemos acima, é necessário tornar a aquisição da modalidade culta da língua também eficiente.

O que acabamos de dizer está em consonância com o que expõe Louzada (1998, p. 18):

> Uma outra reflexão que se deve fazer é a de que o aprendizado da variante lingüística pela criança, antes mesmo de entrar na escola, se deu pela

interação com o seu grupo familiar e comunitário. Assim também é lícito supor que o maior número possível de experiências lingüísticas na variante padrão levará ao domínio desta variante. É o que Ilari e Possenti denominam "exposição de dados", vale dizer, produção e interpretação de textos para que a criança vá, aos poucos, percebendo e refletindo sobre o funcionamento da linguagem...

Por causa dos motivos expostos, é necessário que a PLP seja altamente eficiente. Repetindo o princípio n. 4, foi proposto que, "ao final da 8.ª série, o aluno deve dominar o dialeto padrão". Sabemos que a aquisição em língua natural é feita em pouco tempo. Com cinco anos, a criança já domina as estruturas básicas da língua, ou seja, já fala português, o que pode ser considerado uma tarefa extremamente complexa. Basta pensar no fato de como é difícil sermos fluentes em inglês, alemão ou russo, do mesmo modo como uma criança de cinco anos é fluente em português. Mesmo considerando a eficácia do treinamento em língua natural em face da PLP, é impressionante constatar a ineficiência de grande parte do ensino de Português atual, que não consegue, em oito anos, dotar o aluno da capacidade de escrever, de maneira correta e orgânica, uma ou duas páginas em português padrão.

Ao entrar para a escola, a criança desenvolve de maneira acentuada a sua capacidade de raciocinar (incluir, excluir, concluir, comparar, relacionar, etc.), através do contato com os professores, diretores, orientadores, supervisores, funcionários, colegas e principalmente com a imersão nos conteúdos das diversas disciplinas. O aluno começa também a tomar contato de maneira mais constante e funcional com a língua padrão, não apenas através das aulas de Português, mas também através dos textos de Geografia, História, Ciências, etc. Tem início então para a criança a PLP, que é feita de maneira assistemática pelos professores das diversas disciplinas, através da leitura de textos. Compete ao PP organizar esse aprendizado de maneira eficaz e sistemática. Surge então a PLP propriamente dita, que é dada nas aulas de Português, da maneira como proporemos adiante.

Antes, porém, é preciso destacar e fixar o seguinte ponto de vista: língua é uso, qualquer que seja a sua modalidade. E isso se aplica, também, evidentemente, à modalidade culta da língua. Ela só existe efetivamente em processo. Como afirma Ramos (1997, p. 20), "é usando que se aprende a usar uma língua". A tarefa de descrever e/ou desmontar as palavras e frases da língua é específica dos gramáticos e lingüistas. Observem-se estas palavras de Dillinger (1995, p. 38): "Supor que descrever palavras e frases ajuda o aluno a comunicar é como pensar que descrever as partes da bicicleta ajuda a criança a andar de bicicleta. É uma posição insustentável. O ensino da gramática é irrelevante."

> PRINCÍPIO N. 23
> Do mesmo modo como a aquisição da língua natural se dá através da prática, o domínio da língua padrão se dá através da PLP.

Do que foi dito, é preciso traçar uma linha clara que distinga o processo de aquisição de uma língua natural do processo de aprendizagem da língua padrão. Embora estreitamente relacionados, já que, no fundo, trata-se da aquisição de modalidades da mesma língua, é preciso, no entanto, apontar algumas diferenças marcantes, uma vez que o primeiro tipo de aquisição é natural e o segundo, artificial. Como afirma Ernst Cassirer (apud ALVES, 1987, p. 59), "... a dificuldade real está menos na aprendizagem de uma nova linguagem que no esquecimento da linguagem anterior".

É preciso frisar que a aquisição da modalidade culta não é nada mais nada menos do que o acesso a variações específicas da língua padrão, entendendo-se por língua padrão a modalidade de linguagem da mídia impressa contemporânea (como vimos no princípio n. 8). Ao ser iniciada no processo de aquisição da língua culta, a criança já domina, portanto, as estruturas básicas da língua. De fato, aos 5-6 anos, ela é capaz de conversar normalmente, o que demonstra que já possui e domina intuitivamente a chamada gramática subjacente do português. Desse modo, o que deve ser treinado com os alunos são apenas aquelas variantes cultas que eles não dominam ainda. É preciso ter cuidado, portanto, com os tipos de exercícios a serem desenvolvidos na escola, a fim de "não se chover no molhado" e tornar as aulas de Português monótonas e repetitivas. Por esse motivo, somos de opinião que não devem ser dados nas aulas de Português os chamados *exercícios estruturais*, a exemplo do que foi desenvolvido com muita intensidade há alguns anos na aprendizagem de línguas estrangeiras e mesmo da língua materna. Na verdade, o ensino do português padrão e o ensino de línguas estrangeiras são duas realidades muito distintas, principalmente pelo fato de a criança, ao entrar para a escola, já dominar as estruturas básicas da língua materna. Vejam-se alguns exemplos de exercícios estruturais desnecessários, por serem repetitivos e por exigirem o treinamento de habilidades que os alunos já dominam:

P (Professor); A (Aluno):
P – O menino fala alto.
A – O menino fala alto.
P – A menina fala alto.
A – A menina fala alto.
P – A menina é alta.
A – A menina é alta.
P – O menino é alto.
A – O menino é alto.
P – Os meninos são direitos.
A – Os meninos são direitos.
P – Os meninos falam direito.
A – Os meninos falam direito.
P – As meninas falam direito.
A – As meninas falam direito.
P – A menina fala direito.
A – A menina fala direito.
P – O menino fala direito.
A – O menino fala direito.
(TRAVAGLIA, ARAÚJO e PINTO, 1984, p. 119)

Os exercícios em língua padrão devem limitar-se, portanto, única e exclusivamente, às variantes ou peculiaridades do modelo culto, a fim de que o aluno seja introduzido nessa modalidade de língua como uma espécie de desafio e busca do desconhecido, como, aliás, acontece em outras disciplinas e é típico da juventude. Do mesmo modo como o aluno sente curiosidade com relação a determinadas experiências na aula de Ciências, com relação à situação política na África do Sul ou ao desfecho da Guerra das Malvinas, também o aluno se sentirá gratificado ao poder dominar com tranqüilidade o emprego do verbo *haver*. Quanto às diferenças que existem entre a aquisição da língua natural e a aquisição da língua padrão na escola, é preciso deixar claro que o acesso ao domínio da modalidade culta exige uma prática específica. Desse modo, não faz sentido a posição de certos autores com relação a:

A) não estabelecer diferença entre a aquisição da língua natural e a aquisição da língua culta; a primeira adquire-se intuitivamente e a segunda, artificialmente, através de prática específica;

B) afirmar que não é necessário ensinar ao aluno a norma culta, porque ele já conhece a língua; se o aluno não passar por treinamentos específicos em língua padrão escrita, as aulas de Português não garantirão a ele o domínio dessa modalidade de língua;

C) julgar que o falante comum conhece conscientemente a gramática de sua língua natural, quando, na verdade, esse conhecimento é intuitivo; existe, portanto, uma diferença clara entre o fato de todo falante nativo possuir uma gramática natural, intuitiva, inconsciente e implícita, que lhe permite fazer uso da sua própria língua, e o estudo consciente, explícito, artificial de uma gramática, digamos, "metalingüística". A primeira, como vimos, é natural a todo indivíduo e a segunda só deve ser estudada nas faculdades de Letras.

No Capítulo 9, vamos apresentar alguns exercícios que poderão servir de modelo para a aprendizagem em língua padrão. É necessário que esses exercícios sejam feitos repetidamente, em grande número, diríamos mesmo, quase que exaustivamente, para que o aluno adquira o hábito de escrever em língua padrão. É preciso, porém, ter cuidado, como dissemos acima, com exercícios massificantes e repetitivos, que procuram treinar os alunos em estruturas já conhecidas.

Na proposta de ensino do Português que estamos apresentando (Método GNM), esses exercícios são absolutamente necessários. Vamos nos servir de uma comparação para defender esse ponto de vista.

Imaginemos um pai que queira ensinar ao filho construir uma casa. Com esse propósito, ele mostra ao aprendiz o exterior e o interior da casa, fala do alicerce, das paredes, identifica as colunas, as portas, as janelas, o telhado, a laje, a caixa-d'água, o sistema hidráulico e o elétrico, etc., etc., etc. O pai pode fazer isso à exaustão, mas o filho jamais será capaz de construir uma casa.

Imaginemos um segundo pai que seja pedreiro e que pretenda, da mesma maneira, ensinar ao filho construir uma casa. Vamos supor que o filho comece o aprendizado "pondo a mão na massa", em todos os sentidos. Orientado pelo pai, o filho fará a massa para o alicerce, construirá as formas que receberão esse alicerce, levantará as paredes, tijolo por tijolo, com o auxílio do prumo, preparará o madeirame para receber a laje, instalará, com suas próprias mãos, o sistema elétrico e o hidráulico, etc., etc., etc. Se o aprendiz não passar por esse treinamento efetivo e intensivo, se ele não souber assentar adequadamente cada tijolo com o auxílio da massa que ele mesmo preparou, esse aprendiz jamais aprenderá a levantar uma parede reta, o que vale dizer, jamais aprenderá a construir uma casa.

Na verdade, o que estamos querendo dizer é que o PP não pode se limitar a mostrar ao aluno a casa pronta, ou melhor dizendo, o texto pronto. Embora seja importante conhecer e apreciar casas prontas, qualquer teoria da aprendizagem requer que se parta do particular para o geral. Desse modo, não basta ao PP mandar o aluno ler textos, discutir as idéias principais do texto, dividi-lo em partes, etc. Em outras palavras: não está metodologicamente correto ensinar ao aluno escrever textos apenas mostrando textos prontos. É preciso partir do tijolo e da massa, é preciso partir do particular para o geral. Como o objetivo das aulas de Português (e não de Prática Literária) é ensinar o domínio da língua padrão, o aluno precisa de exercícios constantes e de treinamento que o levem a adquirir o hábito de escrever nessa modalidade de língua. Em outras palavras, do mesmo modo como faz o aprendiz de pedreiro, de marceneiro ou de eletricista, o aluno precisa também "pôr a mão na massa", ou seja, precisa aprender a empregar o verbo haver, a colocar os pronomes nos seus devidos lugares, a flexionar os verbos adequadamente, a explorar todas as potencialidades das conjunções subordinativas, etc.

Em decorrência do que acabamos de dizer, faz-se necessário lembrar aqui uma situação muito comum aos nossos alunos de graduação e mesmo de pós-graduação em Letras (acreditamos que o problema se dê também em outras áreas). Algumas vezes, os textos desses alunos, apesar de perpassados por profundas teorias e por raciocínios brilhantes, apresentam sérios problemas de redação, como, por exemplo, de colocação de pronome, de concordância, de emprego do verbo *haver*, etc. Isso nos mostra que o indivíduo muitas vezes tem conhecimento do assunto sobre o qual quer escrever, mas não tem domínio da norma culta, não tem treinamento específico em português padrão. A esse propósito, são interessantes as palavras de Therezo (1997, p. 23): "Não é a erudição que convence, mas a argumentação vazada em linguagem clara. Para isto é necessário seleção lexical, seleção sintática e respeito às normas gramaticais."

Esse é o motivo por que defendemos a idéia de que os ELP são absolutamente necessários nas aulas de Português.

7.2 A PRÁTICA DA LEITURA (PL) E A PRÁTICA DA ESCRITA (PE)

Antes de passarmos aos ELP, torna-se necessário dizer duas palavras sobre a PL e a PE.

Uma LIÇÃO DE PORTUGUÊS, como vimos em 6.4, p. 84, deve constar de três partes: PL (Prática da Leitura), ELP (Exercícios em Língua Padrão) e PE (Prática da Escrita).

É aconselhável que a lição seja nessa ordem pelos seguintes motivos:
- o texto a ser lido é o elemento motivador de toda uma lição, por isso aparece em primeiro lugar;
- elementos do texto podem servir de motivação para os ELP e a PE;
- depois dos ELP, o aluno será lembrado da necessidade de usar o português padrão em textos formais (dissertativos, informativos, etc.);
- o aluno poderá, eventualmente, pôr em prática na redação hábitos lingüísticos característicos da língua padrão adquiridos nos ELP.

Os textos que serão estudados na PL serão todos extraídos de jornais, revistas, periódicos, livros e publicações congêneres, que são textos redigidos em português padrão, como vimos no princípio n. 8. É de esperar que os textos sejam de interesse dos jovens e que versem sobre assuntos que lhes digam respeito, como, descobertas científicas, inovações tecnológicas, problemas do mundo moderno, análise de acontecimentos contemporâneos, questões de relacionamento familiar e pessoal, etc. É aconselhável que os alunos também travem conhecimento com modelos de ofícios, requerimentos, relatórios, cartas comerciais, enfim, que sejam iniciados nessa modalidade de língua.

Sendo também um educador (cf. princípio n. 1, p. 23), é lógico que o PP irá analisar os aspectos formativos, educacionais, éticos, ideológicos e filosóficos de um texto, mas a sua preocupação estará voltada principalmente para a função específica de ensinar Português. Para tanto, o PP deverá apontar e explorar aspectos lingüísticos do texto, como: estudo constante, abrangente e diversificado do vocabulário, com questões relacionadas com: significação das palavras, sinonímia, antonímia, paronímia, homonímia, família de palavras (cognatos), formação de palavras, correspondência entre radicais populares e eruditos (*rio/fluvial, chuva/pluvial, cavalo/eqüestre,* etc.), coletivos mais comuns, significação de radicais eruditos *(hidro-, antropo-, bio-, hipo-, -logia, -cida,* etc.), vocabulário geral e específico, concreto e abstrato, por área semântica, vozes de animais e gentílicos (sem exigir coisas absurdas), verbos *dicendi*, estrangeirismos, etc. É evidente que esses exercícios devem se restringir à prática, não havendo, portanto, necessidade de o aluno estudar a nomenclatura técnica. No excelente livro *Comunicação em prosa moderna* (GARCIA, 1969), o Colega encontrará um grande número de exercícios sobre o vocabulário da língua portuguesa. Além dos exercícios apresentados no livro, o autor sugere outros que podem ser feitos com o propósito de melhorar o vocabulário do estudante. São sugestões do autor (p. 170):

a) *série de definições diversas para a escolha da que se ajuste a determinada palavra a elas aposta.* Valiosos exercícios desse tipo encontram-se no delicioso livrinho de Aurélio Buarque de Holanda Ferreira – Enriqueça o seu vocabulário –, volume em que o autor reuniu grande parte do material publicada há vários anos por *Seleções do Reader's Digest*, em seção que deve ser, como é para mim, de leitura obrigatória por todos os que desejam realmente "enriquecer o seu vocabulário", de modo ameno e divertido;
b) *adaptação de textos com interpolação de sinônimos para escolha;*
c) *lista de coisas ou seres (sugeridos por situação real) de forma ou aparência inconfundível para caracterização concreta* (exercícios de adjetivação);
d) *caracterização de ações, gestos, atitudes, movimentos, em exercício do tipo "o pêndulo (oscila)", juntando-se ou não lista de verbos para escolha;*
e) *texto medíocre ou mediocrizado para aprimoramento do vocabulário;*

f) *ruptura de clichês* (substituição de clichês, frases feitas, metáforas surradas, lugares-comuns fraseológicos);
g) *busca ou escolha de impressões despertadas pela experiência de uma situação concreta, e procura das palavras adequadas à sua expressão;*
h) *definições claras e sucintas que permitam a identificação do termo a que se referem;*
i) *definições denotativas de determinados termos e sua conversão em conotativas ou metafóricas;*
j) *derivação e cognatismo* (exercícios sobre famílias etimológicas);
l) *redação de períodos ou parágrafos curtos, a partir de dados iniciais que sugiram situação real* (descrição de ambientes, paisagens, pessoas, narrações de incidentes, etc);
m) *exercícios de substituição, escolha ou preenchimento de lacunas dentro de determinada área semântica;*
n) *leitura extraclasse e exigência de anotação à margem das palavras desconhecidas*; classificação dessas palavras quanto ao sentido (concreto ou específico, geral ou abstrato, denotativo ou conotativo);
o) *mudança do torneio de frases* (modos de afirmar, de negar, de pedir, de ordenar, de indicar as circunstâncias, etc.)

O autor apresenta também em seu livro inúmeras considerações e exercícios relacionados com a frase, que poderão ser explorados nos comentários a respeito do texto estudado. Essa exploração lingüística do texto pode ser feita sem qualquer alusão à teoria gramatical. O professor deve conhecer a teoria gramatical, mas o aluno não. Extraímos a seguir alguns aspectos desse treinamento:
a) estrutura sintática da frase;
b) frases de situação;
c) frases nominais;
d) falsa coordenação, coordenação gramatical e subordinação psicológica;
e) circunstâncias e relações entre as idéias;
f) perífrases verbais denotadoras de aspecto;
g) feição estilística da frase: frase de arrastão, labiríntica, entrecortada, etc.;
h) discurso direto, indireto e indireto livre, etc.

Além disso, a PL, motivada pelo texto, poderá também versar sobre alguns aspectos práticos e objetivos, que sempre trazem dificuldade ao aluno, como:

a) treino ortográfico constante, especialmente de casos especiais, como: *vê/vêem, trás/traz, quiser*, etc.;
b) treino de pontuação;
c) emprego de algumas notações léxicas, como: apóstrofo, aspas, parênteses, hífen, travessão, etc.;
d) treinamento de termos em linguagem culta oral, como: *rouba, opta, digna, adapta, resigna, avaro, rubrica, pegada, gratuito, fluido, ibero*, etc.;
e) exercícios de fixação de formas problemáticas, como: *a/à/há, meio/meia, menos* (em vez de *menas*), *a fim de/afim, porque/por que/porquê, mal/mau, mas/más/mais, ao par/a par, a olhos vistos, haja vista, à toa/à-toa, abaixo assinado/abaixo-assinado, anexo (-a, -os, -as) /em anexo), ante-/anti-, onde/aonde, Bahia/baía, de maneira que/de modo que, o grama/a grama, tampouco/tão pouco*, etc.;
f) estudo das principais abreviaturas.

Na bibliografia referente ao estudo lingüístico de textos, há vários livros que apresentam exercícios com o intuito de enriquecer o vocabulário do aluno. Além dos citados acima – o de Garcia e o de Ferreira (citado por GARCIA) –, podemos sugerir também o livro de Ilari (1997), que contém uma proposta interessante sobre a aquisição do vocabulário e o de Barbosa (1979), *Como adquirir um poderoso vocabulário*. Em seguida, apresentamos alguns exercícios extraídos desse último livro, com algumas adaptações, a fim de que o Colega tenha em mãos algumas sugestões referentes ao estudo lingüístico de um texto, no que se refere ao vocabulário.

• Escreva a palavra que se adapta a cada definição, de acordo com a lista no final do exercício:

1. _____ Perda parcial da memória
2. _____ Medo mórbido de lugares públicos
3. _____ Medo mórbido de cães
4. _____ Estado mental que produz habitual tristeza
5. _____ Doença mental que traz idéias de perseguição

6. _____ Irresistível tendência para a bebida alcoólica
7. _____ Impulso mórbido para o furto
8. _____ Apego doentio a uma só idéia
9. _____ Medo mórbido de trovões e relâmpagos
10. _____ Medo mórbido do fogo
11. _____ Desejo doentio de ver incêndio
12. _____ Medo mórbido da morte
13. _____ Medo mórbido de grandes alturas
14. _____ Medo mórbido de lugares fechados
15. _____ Medo mórbido de cruzar pontes
16. _____ Privação do sono
17. _____ Perturbações mentais desde a puberdade
18. _____ Mania de grandeza
19. _____ Medo mórbido de árvores
20. _____ Medo mórbido de claridade
21. _____ Aversão ao sexo feminino
22. _____ Aversão a pessoas e coisas estrangeiras
23. _____ Horror ao sangue
24. _____ Horror aos homens
25. _____ Doença nervosa sem lesão do sistema nervoso

---

neurose – monomania – tanatofobia – hipocondria – cleptomania – androfobia ou antropofobia – cinofobia – piromania – megalomania – esquizofrenia – acrofobia – fotofobia – amnésia – pirofobia – paranóia – claustrofobia – agorafobia – astrofobia – dendrofobia – insônia – ginofobia ou ginecofobia – gefirofobia – xenofobia – hematofobia – dipsomania

---

* *

Quando você diz "casa de campo", pode ocorrer-lhe à mente a palavra *campestre* que substitui a expressão *de campo*. Mas existem muitas palavras que se diferem na forma de suas expressões correspondentes, pois são construídas de maneira erudita. *Vulturinu*, por exemplo, é empregado no sentido de referente ao *abutre* (do latim, *vulture*).

• Complete os espaços com as palavras correspondentes:

1. Garra de águia: garra _____
2. Leveza de andorinha: leveza _____
3. Teimosia de asno: teimosia _____
4. Palácio do bispo: palácio _____
5. Barba de bode: barba _____
6. Pujança de boi: pujança _____
7. Trabalhos do braço: trabalhos _____
8. Músculos do braço: músculos _____
9. Fio de cabelo: fio _____
10. Salto de cabra: salto _____
11. Estilo de Camões: estilo _____
12. Populações do campo: populações _____
13. Paisagem do campo: paisagem _____
14. Chapéu de cardeal: chapéu _____
15. Corrida de cavalos: corrida _____
16. Material de cobre: material _____
17. De natureza de enxofre: de natureza _____
18. Cólica de fígado: cólica _____
19. Aparência de gafanhoto: aparência _____
20. Arrogância de galo: arrogância _____
21. Costumes da ilha: costumes _____
22. Manha de lobo: manha _____
23. Austeridade de monge: austeridade _____
24. Inflamação da pele: inflamação _____
25. Mansidão de pombo: mansidão _____
26. Brilho de prata: brilho _____
27. De natureza de anjo: de natureza _____
28. Aspecto de rato: aspecto _____
29. Lamentos de rola: lamentos _____
30. Jornal da tarde: jornal _____
31. Caixa do tórax: caixa _____
32. Época do verão: época _____
33. Brilho de vidro: brilho _____

• Coloque nas lacunas os nomes coletivos que melhor se ajustam às idéias das frases:

1. Antigamente, os alunos eram argüidos por uma _____ composta de professores severos.
2. Já está reunido o _____ para a eleição do Papa.
3. Aqueles animais compõem o melhor _____ da fazenda.
4. Seu nome figura entre a _____ dos mais festejados poetas.
5. Naquela _____ alegre, estavam reunidos fiéis amigos.
6. O _____ dos Magalhães é bastante numeroso nesta região.
7. Embora medíocre, o ator recebia os aplausos da _____ aglomerada na galeria.
8. Aquele museu conta com um _____ muito valioso.
9. São famosos os atores que compõem o _____ daquela peça.
10. Louvando o padroeiro, o _____ religioso percorreu as principais ruas da cidade.

Se você tivesse de responder às perguntas abaixo, que especialistas poderiam fornecer-lhe as informações exatas?

• Complete os espaços com a lista do final do exercício:

1. Como se desgasta o organismo humano? _____
2. Qual é a média da vida de uma formiga? _____
3. Como se forma e se desenvolve o embrião? _____
4. É verdade que o beija-flor é o único pássaro que pode voar para trás? _____
5. Quantas e quais são as línguas latinas? _____
6. Qual era o aspecto dos homens da Idade da Pedra? _____
7. Quando foram encontradas as primeiras múmias nas escavações feitas no Egito? _____
8. Onde a raça amarela é encontrada em maior número? _____
9. Quantos anos de vida costuma ter um camelo? _____
10. A que se deve o avanço da toxicomania entre os jovens de hoje? _____

11. Existem instrumentos do homem primitivo em algum museu do mundo? _____
12. Quais as matérias que se encontram abaixo da superfície terrestre? _____

---

geólogo – biólogo ou biologista – fisiólogo ou fisiologista – etnólogo ou etnologista – filólogo – paleontólogo ou paleontologista – antropólogo ou antropologista – zoólogo ou zoologista – entomólogo ou entomologista – ornitólogo ou ornitologista – arqueólogo – psicólogo

---

A respeito dos exercícios apresentados, gostaríamos de fazer os seguintes comentários:
A) Eles devem ser dosados de acordo com as séries em que vão ser aplicados. As listas no final dos exercícios poderão aparecer ou não, ficando a critério do professor mandar os alunos procurarem no dicionário as respostas.
B) Trata-se de modelos de exercícios, podendo o professor formular outros exercícios ou procurar modelos congêneres em outros livros. De qualquer forma, estes exercícios são complementares, ou seja, eles não substituem o estudo específico do texto apresentado.
C) Com relação ao estudo específico do texto apresentado em sala de aula, é evidente que o PP deverá explorar a compreensão do texto, como se faz atualmente em qualquer livro didático, através de perguntas, reflexões e abordagens específicas. Mas é importante frisar mais uma vez (cf. Capítulo 1, p. 21) que a escola como um todo – através de palestras, concursos, excursões, atividades extracurriculares, contatos com os diretores, supervisores e orientadores – e, de uma maneira muito especial, a imersão pelo discente nos conteúdos de cada disciplina são os fatores de peso que abrirão a cabeça do aluno, que o obrigarão a pensar. Observe-se o volume enorme de informações e de reflexões que o aluno adquire ou pratica no conjunto das outras disciplinas, se comparadas com as informações e reflexões passadas ou desenvolvidas nas aulas de Português. É por isso que consideramos como destituída de fundamento a postura de alguns

PP que pleiteiam para a nossa disciplina a tarefa exclusiva ou precípua de ensinar o aluno a pensar. Munidos dessa "filosofia", os PP – vamos exagerar um pouco – cometem um crime de omissão, ao não garantirem ao aluno de nível fundamental o domínio da norma culta. Mas deve ficar claro que as aulas de Português e de Prática Literária também contribuem, e muito, com a tarefa de "abrir a cabeça" do discente, por motivos já comentados anteriormente.

Para se ter uma idéia da contribuição inestimável das outras disciplinas na tarefa de obrigar o aluno a pensar, transcrevemos aqui alguns exercícios, atividades e reflexões extraídos ao acaso de livros didáticos de Geografia, História e Física.

Livro: *Geografia crítica* – v. 4
Autores: J. William Vesentini e Vânia Vlach
Editora: Ática – São Paulo
Ano: 1992
Páginas: 153 a 175

Depois de apresentar um texto de 21 páginas intitulado "Extremo Oriente", com inúmeras fotos, mapas, gráficos, ilustrações, tabelas, etc., em que são discutidas questões relativas à geografia física, econômica, social e política da região, os autores propõem as seguintes atividades:

Sugestões de atividades

1. Quais são as características gerais do Extremo Oriente?
2. Podemos dividir o Extremo Oriente em várias porções: Japão (um caso à parte, China, Mongólia, Coréia do Norte e os tigres asiáticos). Procure explicar o porquê dessa divisão.
3. Como é a economia mongol?
4. Como é a vida política na Coréia do Norte?
5. Como a China vem resolvendo a questão demográfica?
6. Qual é o fator que vem atrapalhando a política chinesa de espalhar a atividade industrial pelo seu território? Explique.
7. Por que a China se afastou da ex-União Soviética a partir de 1960?
8. O que foi a Revolução Cultural?

9. Que linha vem sendo seguida pela atual política econômica da China?
10. Em 1970 a China exportava apenas 2 bilhões de dólares, ao passo que em 1985 essa cifra saltou para mais de 27 bilhões. Procure explicar isso.
11. Qual é a característica básica do pensamento chinês?
12. Os três tigres do Extremo Oriente possuem em comum uma incerteza quanto ao seu futuro político. Descreva a situação de cada um deles nesse setor.

Sugestões didáticas:

1. O filme O *último Imperador*, de Bernardo Bertolucci, facilmente disponível em locadoras de vídeo, é muito interessante para a compreensão da história e da vida política chinesa desde a decadência do Império até a Revolução Cultural. Uma projeção desse filme, com explicações do professor e debates, poderá ampliar o entendimento dos alunos sobre a China.
2. Os tigres asiáticos são temas freqüentes de reportagens em jornais, revistas e até na televisão. O professor poderá propor um trabalho extraclasse de pesquisa sobre o quadro econômico, político e social desses países.

Livro: *História: pré-história, antigüidade e feudalismo*
Autores: Fábio Costa Pedro e Olga Maria Assunção Fonseca Coulon
Editora: UFMG
Ano: 1989
Páginas: 109 a 136
Série: 7ª

Depois de apresentar um texto de 27 páginas intitulado "A formação do feudalismo", com gravuras, ilustrações e mapas, os autores propõem, dentre outros, os seguintes exercícios:

7. Síntese da unidade – A transição do mundo antigo para a Idade Média
    7.1. Como a ruralização da sociedade romana do século V contribuiu para o enfraquecimento do Estado Romano?
    7.2. Por que a terra tornou-se a principal riqueza na Idade Média?

7.3. Por que o colonato representou um avanço em relação ao sistema escravista romano?
7.4. Por que a concepção de Estado que os germanos tinham contribuiu para a formação do feudalismo?
7.5. Como eram as relações entre senhores e camponeses no feudalismo?
7.6. Como a Igreja justificava a existência de três ordens sociais na Idade Média?
7.7. Sintetize as principais características do sistema feudal.

ATIVIDADE COMPLEMENTAR

A CULTURA MEDIEVAL

INTRODUÇÃO: Delimite o período da Idade Média na Europa. Mostre a influência da Igreja na mentalidade do homem medieval, estendendo-se também às artes.

1. A ARQUITETURA
   1.1. Origens e aspectos fundamentais dos estilos românico e gótico.
   1.2. Os mosteiros e as igrejas.
   1.3. Os castelos feudais, antes e após o século XI.
2. A PINTURA E A ESCULTURA
   2.1. Formas e temas principais.
3. A MÚSICA
   3.1. Tipos de música e suas características.
   3.2. Os instrumentos musicais medievais.
4. A FILOSOFIA
   4.1. A influência de Aristóteles.
   4.2. A escolástica e seus representantes.

CONCLUSÃO: A cultura medieval: regressão ou avanço?
O que permaneceu da cultura medieval?

Em seguida transcrevemos uma atividade extraída de um livro de Física. Apesar de ser um livro de ensino médio (1ª série), fazemos essa transcrição para demonstrar que também nas ciências exatas o aluno desenvolve o seu raciocínio.

Livro: *Curso de física* – v. 1
Autores: Antônio Máximo e Beatriz Alvarenga

Editora: Harbra
Ano: 1992 – p. 206

No século XVII, um dos problemas sobre o qual havia divergência de opiniões entre Galileu e os aristotélicos era o seguinte: se um navio está em movimento retilíneo uniforme e uma pedra for abandonada do alto do mastro (veja a figura deste problema), onde ela irá cair? Para Galileu, a pedra cairia no pé do mastro enquanto os aristotélicos afirmavam que ela cairia atrás do pé do mastro, alegando que, enquanto a pedra estivesse no ar, o navio teria se deslocado de uma certa distância. A experiência nos mostra que Galileu tinha razão. Lembrando o conceito de inércia, descreva o raciocínio feito por Galileu para chegar à conclusão correta.

Sem querer comentar cada um dos exercícios, observe-se que eles "puxam" realmente pelo raciocínio do aluno. A pergunta que se coloca agora não é mais se as outras disciplinas conseguem fazer o aluno pensar, mas se as aulas de Português são capazes de levar o aluno a raciocinar, com a mesma intensidade e profundidade das outras disciplinas. Voltamos a insistir na idéia de que a tarefa de ensinar a pensar não é privilégio das aulas de Português, embora a nossa disciplina possa também contribuir para isso, através do estudo de textos. Mas o que queremos deixar bem claro é que o PP, muitas vezes preocupado unicamente em ensinar o aluno a pensar, esquece-se de dotá-lo de uma língua padrão.

Quanto à PE – Prática da Escrita – devem ser observados os seguintes aspectos:

A) O professor deverá dar como prática da produção escrita temas de interesse dos jovens. Esses temas deverão estar ligados ao assunto da PL, pois assim o aluno estará motivado para escrever. O ideal é que haja discussões em sala a respeito do conteúdo do texto, a fim de que o aluno fique de fato interessado em redigir. A PE poderá também tomar outras formas que não a redação tradicional: trabalhos mais amplos, reportagens, entrevistas, relatórios, resenhas, resumos, cartas protocolares, ofícios, etc.

B) A PE deve ser em língua padrão. O exercício da criação literária, com a possibilidade de transgressão à norma culta, deve ser feito nas aulas de Prática Literária. Na verdade é isso o que se dá na vida real. Artigos de jornal, relatórios e ofícios são escritos em língua padrão. Transgressões à norma culta poderão se dar nos poemas, nos romances, nas propagandas comerciais, nas letras de música, etc.

C) Na verdade não se conhece nenhum livro que ensine o aluno a redigir, do mesmo modo como não há nenhum livro que ensine o indivíduo a dirigir automóvel. Como se sabe, é estranha a situação em que alguém diga: "Vou aproveitar esta manhã de domingo, em que estou folgado, e vou ler este livro que ensina a dirigir. Estou certo de que com a leitura deste livro aprenderei a dirigir." Todos sabemos que não é desse modo que se aprende a dirigir, mas é através da prática, do esforço pessoal e da orientação constante do instrutor. Guardando as devidas proporções, pois o aprendizado da escrita é bem mais complexo do que o aprendizado da direção, podemos afirmar que o motorista só aprenderá de fato a dirigir, depois que começar a enfrentar o trânsito, cotidianamente. O mesmo se pode dizer com relação ao domínio da escrita. O indivíduo só passará a dominar a escrita se houver uma prática efetiva dessa atividade. Todos nós sabemos que não há teorias que ensinem a redigir, do mesmo modo como não existem livros, teorias ou métodos que ensinem a interpretar textos. Podemos dizer que se aprende a redigir, redigindo, sem se esquecer, porém, da importância da motivação pessoal e da orientação do professor.

D) Com relação à orientação do professor, gostaríamos de lembrar uma prática que nos parece muito eficiente no ensino do texto formal. Depois de feitas as redações em sala de aula, com a devida motivação prévia, um dos alunos passará no quadro uma redação de um colega – ou a sua –, escolhida com antecedência pelo professor. A redação poderá também ser projetada em uma tela, com o auxílio de um retroprojetor ou de um episcópio. Em seguida o professor fará a correção coletiva do texto, sob sua orientação, é lógico. Essa prática, se for feita de maneira constante, poderá levar a ótimos resultados, pois terá a correção explicada pelo professor e não o simples assinalamento nas redações individuais. Além disso, é interessante observar que, desse modo, o autor se torna leitor e crítico de seu próprio texto, o que nos parece uma atividade bastante profícua, porque muitas vezes o aluno não reconhece os próprios erros e insuficiências. Contra esse tipo de atividade, o Colega poderá retrucar: como fica a questão da marca pessoal do aluno, do seu estilo pessoal e mesmo da sua privacidade? É preciso deixar claro que essas questões devem ser levadas em conta nas aulas de Criação Literária e não aqui, nas aulas de Português. É de se esperar que aqui os textos redigidos pelos alunos tenham caráter informativo ou dissertativo e sejam, portanto, formais. Para não nos culparem a nós, professores de Português, de "invasão de privacidade", sugerimos que as correções coletivas da escrita dos alunos sejam também feitas em textos produzidos na aula de Geografia, História, etc. No Capítulo 11, trataremos com mais vagar a respeito da necessidade de cooperação mútua entre os PP e os professores de outras disciplinas.

E) Nunca é demais repetir que estamos preocupados com a questão do ensino da gramática em sala de aula, ou melhor, com o ensino da língua padrão (sem o auxílio da gramática). Mais especificamente, estamos preocupados com a construção, com a estrutura, enfim com a tessitura da frase, bem como com o uso de palavras e expressões. Isso não quer dizer que o ensino do Português não deva se preocupar com o texto como um todo. Pelo contrário; esse é um assunto de extrema importância, mas não é nosso objetivo discorrer sobre a prática da leitura e a prática da escrita, duas questões centrais no ensino da língua materna. Para falar a verdade, não temos, no momento, uma contribuição especial para dar ao ensino de Português, no que se refere a esse assunto. Há várias obras que atualmente tratam desse problema.

No exercício constante do magistério no curso superior de Letras, já há algumas dezenas de anos, temos observado que certos alunos são brilhantes com relação ao conteúdo da matéria, mas, na hora de responderem às questões escritas de uma prova, usando a norma culta – como requer a ocasião –, apresentam inúmeras deficiências, como, por exemplo, o fato de começarem uma frase com pronome oblíquo, de não usarem o pronome em posição proclítica, quando uma palavra de sentido negativo antecede o verbo, de não flexionarem o verbo com sujeito no plural nas construções de voz passiva sintética, etc. Mesmo em dissertações de mestrado a história se repete: boas idéias, boas argumentações, boa seqüência, conhecimento profundo do conteúdo, mas muitas vezes com problemas de regência, concordância, colocação de pronomes, emprego de tempos verbais, etc. O Método GNM reconhece a importância dos estudos relacionados com a produção da leitura e da escrita, mas se preocupa com o aspecto artesanal da frase.

Todos sabemos que a questão da coesão e da coerência dos textos escolares, por exemplo, bem como os problemas relacionados com a necessidade de se fazer com que os nossos alunos produzam textos lógicos, bem construídos, com boa seqüência e com conteúdos convincentes, tem sido debatida de maneira exaustiva por vários autores. Ora, o que nos parece é que faltam discussões mais sérias e mais profundas sobre a conveniência ou não de se ensinar gramática em sala de aula, assim como tem sido deixada de lado a questão do ensino da língua padrão na escola, embora se reconheça a importância desse ensino. Com relação ao ensino da gramática, pode-se dizer que inúmeros professores de Português, e mesmo vários autores de livros que tratam desse assunto, tomam muitas vezes atitudes ambíguas: por um lado criticam impiedosamente a gramática tradicional, mas, por outro, 1 – são incapazes de romper definitivamente com o ensino da teoria gramatical em sala de aula, ficando muitas vezes com "o rabo preso" em algumas questões gramaticais (que nos perdoem a indelicadeza da expressão); 2 – da mesma forma são incapazes de apresentar uma proposta objetiva, funcional e coerente que "garanta" ao aluno o domínio do português padrão no final da 8.ª série, mas que não se constitua simplesmente na leitura e produção de textos.

F) Para finalizar este item, como estamos tratando do ensino da escrita, gostaríamos de discutir um problema que, a nosso ver, permanece mal resolvido até hoje entre os PP: a questão do "certo e do errado" no uso da linguagem.

Em um passado não muito remoto, os professores de Português e as pessoas de um modo geral só se preocupavam com o chamado "português correto". De fato, em sala de aula, bem como fora dela, havia uma preocupação exagerada com a chamada "correção da linguagem": as produções literárias, os jornais, as revistas, as letras de música, os textos de propaganda, as falas, as conversas, enfim, toda produção textual, oral ou escrita, só era levada em consideração pelos professores de Português se estivesse de acordo com o português padrão. É por esse motivo que a linguagem coloquial era desprezada pela escola antiga.

Depois da liberação geral por que passaram os costumes nos anos sessenta – com o movimento *hippie* e com a invenção da pílula anticoncepcional, por exemplo –, depois de esgotadas as "modernas" teorias da comunicação – principalmente as de inspiração francesa –, e uma vez consumada a penetração definitiva da Lingüística científica nos currículos das faculdades de Letras – mormente as de origem norte-americana –, pudemos assistir a uma mudança significativa no ensino de Português deste País, em que se passou de um conservadorismo extremo da primeira metade do século passado para uma "liberação geral" de procedimentos, pelo menos em uma ala significativa de professores e de teóricos do ensino de Português. Como dissemos anteriormente, a frase do apresentador de televisão Chacrinha – "quem não comunica se trumbica" – resume bem o espírito da época. Havia também uma outra frase, já citada anteriormente, que sintetiza o que estamos querendo dizer: "Tudo é válido, desde que se logre comunicar-se."

Passada a fase do deslumbramento inicial, o que se verifica hoje é uma postura menos "festiva", ou seja, mais consciente e mais realista com relação ao ensino de Português.

Por um lado, reconhecem-se como legítimas e válidas todas e quaisquer manifestações da língua portuguesa, sejam de que região forem, sejam de que nível social se originem. Para um professor de Português, reconhecer como legítimo e válido um determinado uso da língua significa não só respeitar um determinado uso da língua, mas também defender o direito que o aluno tem de empregar a modalidade lingüística que lhe convém nas diversas circunstâncias de uso. Assim, se o adolescente está jogando futebol, "curtindo" os amigos em um baile *funk*, namorando "uma tremenda de uma gata" ou "jogando conversa fora" em casa, com os pais, irmãos e familiares, nada mais natural que ele use o tipo de língua adequado para essas situações. Assim como o adolescente tem o direito de usar as roupas, os gestos, as posturas, os sinais, enfim, a liturgia própria para essas situações, também ele terá o direito natural e sagrado de usar a língua que se espera que seja usada nessas circunstâncias. Que ninguém usurpe desse adolescente – muito menos o professor de Português – o direito sagrado que ele tem de usar a língua como reflexo de seu espírito e de sua personalidade.

Por outro lado, por uma questão de coerência, de lógica e de bom senso, se esse mesmo adolescente vai apresentar um trabalho em sala, diante dos colegas e do professor, se vai conversar com o diretor da escola para fazer uma reivindicação em nome da turma, ou se é escolhido como orador na formatura do seu curso, é natural que ele use um tipo de linguagem que é o esperado para essas circunstâncias, ou seja, uma das modalidades do português culto. Quando esse mesmo adolescente se formar e arranjar um emprego – seja como bancário, comerciário, técnico em computação, advogado, engenheiro ou médico – é de se esperar que, ao exercer a sua profissão, ele use o tipo de linguagem, oral ou escrita, que é o comum, o freqüente, o esperado no desempenho de sua profissão, ou seja, uma modalidade do português padrão, falado ou escrito.

Alguns teóricos do ensino da língua materna preferem – em vista do que dissemos – falar em adequação e não-adequação em linguagem, com o que concordamos plenamente. Mas é preciso considerar, no entanto, que os estudantes, bem como a sociedade de um modo geral, precisam de posições mais claras, firmes e decididas com relação ao ensino do português padrão. Em primeiro lugar, sabemos que, como dissemos anteriormente, a língua padrão escrita é relativamente uniforme em todo o País, o que facilita bastante o seu emprego. Em segundo lugar, observemos que a questão do certo e do errado está presente nas mais diversas circunstâncias da vida. De fato, todos nós consideramos como erradas algumas atitudes, como: avançar um sinal vermelho, trafegar na contramão, fazer refeições com a mão, enfiar o dedo no nariz (em público), usar bermuda em uma recepção de casamento, comparecer ao campo de futebol de terno e gravata para torcer para o seu time preferido, colocar os pés em cima da carteira em uma sala de aula, etc. Consideram-se erradas essas ações ou atitudes, porque não é isso o que se espera em tais circunstâncias. O normal, o esperado, o mais freqüente é que os condutores de veículos não avancem o sinal vermelho, não trafeguem na contramão, que as pessoas usem talheres durante a refeição, etc., etc.

Podemos dizer, em resumo, que nos ofícios, nas cartas comerciais, nos avisos públicos, nos formulários, nos manuais de instrução, nos livros técnicos e científicos, nos jornais e nas revistas, enfim, no uso da chamada língua padrão, há uma expectativa por parte das pessoas de que seja usado um tipo específico de língua. Essa expectativa é firmada com base na freqüência com que se empregam os fatos da língua. Vê-se aqui que estamos adotando o conceito de *norma real*, ou seja, aquela que de fato se usa, e não o de *norma ideal*, que nos foi legada pela tradição gramatical. Ora, se em determinado livro técnico o autor emprega *se eles porem* em vez de *se eles puserem*, estamos deparando com uma construção que não é a esperada, que não é freqüente em textos técnicos. Trata-se daquilo que em Estatística se chama de *erro padrão*, ou seja, dá-se um *desvio padrão* da média da amostra. A sociedade em que vivemos acostumou-se a denominar esse desvio de *erro* e não vemos necessidade de mudar essa terminologia. Além disso, a prática do dia-a-dia nos mostra que os professores de Português são constantemente assediados para corrigir textos. Ora, corrigir textos significa corrigir as falhas, os erros. Quando um professor de outra disciplina solicita a um professor de Português que "corrija" um texto que será dado na aula de Geografia, por exemplo, é de se supor que esse professor de Geografia esteja pedindo ao PP que corrija o texto, de "acordo com as regras da língua padrão". Não vemos, portanto, nenhuma incoerência nesse fato: nem por parte do professor de Geografia, nem por parte do PP. O que gostaríamos de deixar bem claro, mais uma vez, é que, se existe o erro com relação à norma culta – é esse o ponto de vista que defendemos –, existe também o erro, isto é, o desvio-padrão todas as vezes em que se usa uma estrutura, por exemplo, que não é a esperada. Suponhamos o texto abaixo, usado por um grupo de jovens, freqüentadores de um baile *funk*. A frase destacada não está correta, porque esta estrutura não é usada em contextos desse tipo. Aqui também se dá um desvio padrão da média da amostragem:

Pô, cara, cê viu que mole? Os cara chegô tudo quereno detoná as gata, *não obstante ter-se observado um grande esforço por parte dos presentes.*

Podemos dizer, em síntese, que, em linguagem, certo é o que se usa, de acordo com a situação. Tanto está errada a parte da frase destacada acima, quanto o uso de *assistir o filme* na língua escrita padrão.

É por isso que não concordamos com as palavras de Possenti (1997, p. 39), citadas no Capítulo 3 deste trabalho, segundo as quais "devemos considerar formas como "assistir ao jogo" como arcaísmos e, conseqüentemente, formas como *assistir o jogo* como padrões, "corretas". Isso não faz sentido, porque, conforme pesquisa apresentada em tese de doutorado (LIMA, 2003), a maioria absoluta das publicações da chamada grande imprensa brasileira (jornais, revistas, etc.) e dos textos de natureza técnico-científica emprega a preposição *a* com o verbo *assistir*. Ora, se em um texto técnico (escrito) o indivíduo emprega *assistir o filme* em vez de *assistir ao filme*, detecta-se um desvio-padrão, ou seja, um *erro de português*, porque não foi usado aquilo que se esperava que fosse usado. Esse erro, ou desvio de padrão, pode ser observado nas mais diversas atividades humanas: no trânsito, constitui um erro trafegar pela contramão, porque se espera que todos os motoristas sigam tal ou qual direção; na construção civil, constitui um erro deixar um cômodo sem porta ou janela, porque é comum os cômodos apresentarem porta e janela e, na medicina, constitui um erro esquecer a tesoura na barriga do paciente, porque esse não é um fato comum, esperado (por razões que não cabe agora discutir).

Portanto, caro Colega, se aparecer em uma reportagem do jornal da sua escola, ou em algum texto dissertativo de seu aluno, *pobrema* em vez de *problema*, *discursão* em vez de *discussão*, *estrupo* em vez de *estupro*, *quando eles verem* em vez de *quando eles virem*, *o governo não preocupa-se* em vez de *o governo não se preocupa*, etc., é preciso dizer claramente ao estudante que foram cometidos "erros de português", uma vez que estamos tomando como base a língua padrão. Creio que você, Colega de Português, corrigiria esses erros, não é verdade? Lembremo-nos de que os jovens clamam por atitudes claras, decididas e lógicas por parte dos professores.

Além do que se disse com relação ao assunto, é preciso considerar que é muito comum uma pessoa perguntar a outra se "está certo falar assim", se "é assim que se diz" ou mesmo presenciamos constantemente o fato de alguém pedir a outra pessoa para corrigir uma frase, um aviso ou um texto escrito. Ora, isso não se dá só com leigos. Os PP, mesmo os de curso superior, são useiros e vezeiros em dizer a seus alunos que "tal frase não está correta", que "não se deve dizer assim", ou que tal texto apresenta muitos erros. Devemos reconhecer que tal atitude é academicamente correta, se levarmos em consideração que todas essas afirmativas são ditas – e geralmente são ditas – com relação à língua padrão. De fato, quando um PP afirma para o aluno que "tal frase não está correta", subentende-se: "Não está correta de acordo com a língua padrão." O PP que afirma que não existe o chamado "erro de português", mas que em sala de aula "corrige" a redação do aluno, está adotando aquela velha e ineficiente tática do "faça como eu falo, não como eu faço".

Se estamos insistindo nesse assunto é porque há uma corrente de professores de Português que não aceita a etiqueta "certo ou errado" e prefere substituí-la por "adequado ou inadequado", como faz, por exemplo, Travaglia (1995, p. 66): "... é preciso substituir definitivamente a idéia de uso *certo* ou *errado* pela de uso *adequado* ou *não adequado*". É essa também a posição de Possenti (1997, p. 94): "... a moral da história é que não existem propriamente textos errados e textos corretos (pelo menos, nem sempre), mas, fundamentalmente, textos mais ou menos adequados, ou mesmo inadequados a determinadas situações." Cremos que essas posições de Travaglia e de Possenti fazem sentido com relação aos textos literários, mas não com relação aos textos escritos em língua padrão.

PRINCÍPIO N. 24
Os PP precisam assumir a postura de que o erro de português existe de fato, de acordo com a situação.

Capítulo 8
Os exercícios em língua padrão (ELP) na prática da sala de aula

Chegamos ao centro de nossas preocupações, que é a aplicação dos ELP na prática da sala de aula. Como dissemos no princípio n. 23, "do mesmo modo como a aquisição da língua natural se dá através da prática, o domínio da língua padrão se dá através da PLP" e, mais especificamente, dos ELP.

Na prática da sala de aula, em que consistem os ELP?

Todo PP sabe que o aluno, para poder se expressar em norma culta, precisa ter o domínio de certas especificidades que caracterizam essa modalidade de língua. Em outras palavras, os alunos precisam passar por treinamentos relacionados com o emprego dessas especificidades, porque, como vimos, língua é uso. Muitos professores já fazem isso com o auxílio da gramática. Defendemos, no entanto – por razões amplamente discutidas anteriormente –, a idéia de que essa prática deve ser feita sem o auxílio da gramática, mas de maneira organizada e intensiva. Como isso é possível?

Eis alguns itens do uso da língua padrão que devem constituir objeto de treinamento:
- concordância verbal
- concordância nominal
- regência verbal
- emprego de pronomes
- colocação de pronomes
- emprego do verbo haver
- flexão nominal e verbal
- emprego da voz passiva pronominal, etc.

Itens da PLP, como os acima mencionados, devem ser distribuídos pelas diversas séries do curso fundamental. Essa distribuição, porém, deve ser feita sem que o aluno tome conhecimento dela e das etiquetas identificadoras desses itens (concordância verbal, concordância nominal, regência verbal, etc.). Neste ponto de nossas considerações, alguns colegas poderão dizer:

– Enfim, o autor deste trabalho se revelou e mostrou a importância de se estudar a gramática!

É preciso lembrar no entanto que:

Como vimos no princípio n. 14, "gramática é a descrição e/ou interpretação dos fenômenos lingüísticos". Ora, o PP não fará qualquer descrição e/ou interpretação dos fenômenos lingüísticos e não usará terminologia gramatical, mas se preocupará apenas com o emprego e a prática da língua padrão.

À guisa de sugestão, apresentamos os itens abaixo, que poderão ser aplicados a partir da 3.ª série (como foi dito anteriormente, as duas primeiras séries serão dedicadas à aquisição da escrita e ao treino ortográfico). O ideal é que este esquema seja bem especificado, mas por questões de tempo e de espaço, não podemos fazer isso nesta obra.

Observe, caro Colega, que se trata apenas de sugestões. É claro que transposições, acréscimos e cortes podem ser feitos.

3.ª série

1.º semestre → 1.º bimestre → 1.º mês → número do substantivo
                                                    2.º mês → número do adjetivo
                    2.º bimestre → 1.º mês → gênero do substantivo
                                                      2.º mês → gênero do adjetivo

2.º semestre → 3.º bimestre → 1.º mês → grau do substantivo
                                                      2.º mês → grau do adjetivo
                    4.º bimestre → 1.º mês → emprego dos verbos regulares
                                                      2.º mês → emprego dos verbos
                                                                           irregulares mais comuns

4ª série

1º semestre → 1º bimestre → 1º mês → emprego dos verbos irregulares (continuação)
                                        2º mês → idem
                2º bimestre → 1º mês → concordância nominal (iniciação)
                                        2º mês → concordância verbal (iniciação)

2º semestre → 3º bimestre → 1º mês → emprego da crase
                                        2º mês → treinamento em pontuação
                4º bimestre → 1º mês → emprego de numerais, advérbios e preposições
                                        2º mês → emprego de pronomes (iniciação)

5ª série

1º semestre → 1º bimestre → 1º mês → treino de estruturas mais elaboradas – orações coordenadas – em especial, emprego de conjunções menos usadas, como *porém, todavia, contudo, no entanto, ora... ora, quer... quer, seja... seja, portanto, por conseguinte, pois, que (conclusiva)*, etc.
                                        2º mês → idem
                2º bimestre → 1º mês → treino de estruturas mais elaboradas – orações subordinadas – em especial, emprego de conjunções subordinativas menos usadas, como *porquanto, uma vez que, desde que, conquanto, posto que, se bem que, consoante, a fim de que*, etc.
                                        2º mês → idem

2º semestre → 3º bimestre → 1º mês → regência nominal (iniciação)
　　　　　　　　　　　　　2º mês → regência verbal (iniciação)
　　　　　　　4º bimestre → 1º mês → emprego de pronomes
　　　　　　　　　　　　　　　　　　(iniciação)
　　　　　　　　　　　　　2º mês → idem

6.ª série

1º semestre → 1º bimestre → 1º mês → concordância nominal
　　　　　　　　　　　　　2º mês → idem
　　　　　　　2º bimestre → 1º mês → concordância verbal
　　　　　　　　　　　　　2º mês → idem
2º semestre → 3º bimestre → 1º mês → emprego de pronomes
　　　　　　　　　　　　　　　　　　pessoais retos e oblíquos
　　　　　　　　　　　　　2º mês → emprego de pronomes de
　　　　　　　　　　　　　　　　　　tratamento
　　　　　　　4º bimestre → 1º mês → emprego de pronomes
　　　　　　　　　　　　　　　　　　demonstrativos
　　　　　　　　　　　　　2º mês → emprego de pronomes
　　　　　　　　　　　　　　　　　　indefinidos e relativos

7.ª série

1º semestre → 1º bimestre → 1º mês → regência verbal
　　　　　　　　　　　　　2º mês → regência verbal e emprego
　　　　　　　　　　　　　　　　　　de pronomes (p. ex., emprego
　　　　　　　　　　　　　　　　　　de *o* e *lhe*)
　　　　　　　2º bimestre → 1º mês → colocação de pronomes
　　　　　　　　　　　　　2º mês → idem
2º semestre → 3º bimestre → 1º mês → emprego do verbo haver
　　　　　　　　　　　　　2º mês → idem
　　　　　　　4º bimestre → 1º mês → emprego dos verbos
　　　　　　　　　　　　　　　　　　impessoais
　　　　　　　　　　　　　2º mês → idem

8.ª série

1.º semestre → 1.º bimestre → 1.º mês → regência verbal com pronomes relativos
                                              2.º mês → idem
                2.º bimestre → 1.º mês → concordância verbal: casos especiais
                                              2.º mês → idem

2.º semestre → 3.º bimestre → 1.º mês → emprego do infinitivo
                                              2.º mês → idem
                4.º bimestre → 1.º mês → emprego da voz passiva pronominal
                                              2.º mês → idem

Tomemos como exemplo de ELP o item de treinamento concordância verbal, que começa a ser dado na 4.ª série e é aprofundado na 6.ª e 8.ª séries. Na verdade, a distribuição de um determinado item de treinamento por séries distintas é aconselhável por dois motivos: 1.º) permite uma maior dosagem do problema, começando por casos simples e terminando pela prática de casos especiais; 2.º) evita que se pratique um item, digamos, na 5.ª série, e que esse item nunca mais seja objeto de treinamento.

À primeira vista, pode parecer cansativo ficar repetindo durante dois meses o mesmo item de treinamento, como *concordância verbal* na 6.ª série, por exemplo. É preciso lembrar no entanto que:
- com a divisão em duas disciplinas (Português e Prática Literária), serão poucas as aulas de Português por semana (digamos que sejam duas de Português e duas de Prática Literária);
- além da prática dos ELP, o PP também estará treinando nesses dois meses os seus alunos em PL e PE, tornando assim diversificadas as atividades das aulas;
- o item de treinamento *concordância verbal*, por exemplo, poderá ser distribuído em diversas lições, ou seja, poderá ser intercalado com a PL e a PE, a fim de que se evitem repetições cansativas.

Sobre o "espírito" que deve nortear a elaboração dos exercícios de treinamento, tais como estamos propondo, gostaríamos de deixar claro o seguinte:

A) Como dissemos anteriormente, ao entrar para a escola, o aluno já fala português, ou seja, já domina as estruturas básicas da língua. Devem ser evitados, portanto, exercícios com palavras, expressões e estruturas que ele já conhece, para que a prática não se torne repetitiva e cansativa. Não são dados exercícios do tipo *o pato está cansado/a pata está cansada*, nem é pedido o feminino de *galo*, *rei* ou *príncipe*, algo que ele já conhece de sobejo das histórias infantis. Os ELP devem se constituir em uma espécie de desafio ao aluno. É como se perguntássemos a ele constantemente: você já domina o português, mas você sabe usar o dialeto padrão?

B) Nesses exercícios não se trabalha com "palavróides", ou seja, com falsas palavras. Estamos chamando de "palavróides" aquelas que só aparecem nas gramáticas tradicionais, com o objetivo de ilustrar determinadas regras, como por exemplo: *o voga/a voga, felá/felaína, píton/pitonisa, o abusão/a abusão, ladravaz, medicastro, apropinquar-se, obviar*, etc. Trata-se de arcaísmos, ou de palavras muito pouco usadas na língua, mesmo no dialeto padrão. É preciso reconhecer, no entanto, que vocábulos, expressões e estruturas pertencentes ao dialeto culto contemporâneo devem fazer parte dos exercícios.

C) Deve-se tomar cuidado para que os ELP não sejam feitos exclusivamente através de exercícios estruturais. Para tanto, deve-se variar os tipos de exercícios, evitando-se repetições desnecessárias e cansativas.

D) Na aplicação dos ELP, é indispensável o acompanhamento e a orientação do PP, realçando determinado aspecto, explicando o emprego de tal expressão, sem necessidade alguma de se explicitar a teoria gramatical. Alguns poucos ou mesmo raros termos da gramática poderão ser usados, como dissemos anteriormente, desde que: a) não haja, por parte do professor, cobrança com relação à definição, classificação ou identificação desses termos, não devendo haver, portanto, em sala de aula, qualquer trabalho de análise metalingüística; b) sejam termos comuns usados pelas pessoas em geral e não demandem um conhecimento técnico específico; são palavras como: *frase, palavra, singular, plural, masculino, feminino, maiúscula, minúscula, verbo, coletivo*, etc., cujos significados qualquer pessoa pode saber, sem estudar gramática.

E) É preciso considerar que os ELP têm como objetivo levar o aluno a dominar certas características da língua padrão, que ele normalmente não conhece. Convém lembrar que esse mesmo aluno é exposto todo dia a modelos de língua padrão, não só nas aulas de Português, como também nas aulas de outras disciplinas, bem como ainda no contato com outros textos dentro e fora da escola (jornais, revistas, livros, circulares, instruções, etc.). Possíveis lacunas no aprendizado da língua padrão através dos ELP são preenchidas pela exposição constante a esses tipos de texto.

F) Como o objetivo dos ELP é o aprendizado da língua padrão, foram evitadas palavras, expressões ou construções da linguagem coloquial na elaboração desses exercícios. Apesar de se encontrarem algumas exceções, os exercícios apresentam-se, via de regra, em linguagem formal, como foi definido no Método GNM.

Os exercícios que se seguem estão divididos em três grandes blocos: A) Emprego do verbo *haver*; B) Gênero do substantivo; C) Emprego do acento indicador da crase.

Como pode observar o caro Colega, neste capítulo, os ELP são apresentados em bloco, para que o professor tenha uma idéia geral dos tipos de exercício que podem ser dados aos alunos, com relação a cada um dos assuntos trabalhados. No Capítulo 10, o Colega poderá se inteirar da maneira pela qual os ELP são integrados à PL (Prática da Leitura) e à PE (Prática da Escrita), constituindo-se uma Lição de Português.

A) Emprego do verbo *haver*

Informações contidas em boxes somente interessam ao professor.

> Verbo *haver* impessoal – tempos simples. Supõe-se que o aluno já tenha se exercitado no emprego dos diversos tempos verbais de *haver*.

I – Observe o modelo:

Havia criança morrendo de fome na rua.
Havia crianças morrendo de fome na rua.

- Preencha as lacunas, de acordo com o modelo apresentado (observe que em todos os itens, *haver* tem o sentido de *existir*):

1. Havia muito acidente grave nesta estrada.
   _____ muitos acidentes graves nesta estrada.
2. Havia um profissional envolvido na questão.
   _____ vários profissionais envolvidos na questão.
3. Havia muita dúvida a respeito das responsabilidades do cargo.
   _____ muitas dúvidas a respeito das responsabilidades do cargo.

- Preencha as lacunas, de acordo com o modelo apresentado. Pode haver mais de uma resposta para cada caso.

4. Ainda _____ várias lições a serem estudadas.
5. Certamente na casa _____ muitos criminosos que se escondiam da polícia.
6. Já _____ três acidentes neste local perigoso.
7. _____ exames de seleção para o segundo grau.
8. Não _____ motivos justos para os amigos o abandonarem.
9. _____ vários resultados completamente satisfatórios.
10. _____ momentos em que todos pararam.
11. _____ muitos acidentes em volta da lagoa.
12. No interior do Brasil, _____ tempestades de granizo.
13. No centro de Monte Santo, _____ várias árvores condenadas.
14. _____ muitas reprovações neste ano.
15. No ano de 2002, _____ várias enchentes em São João da Cruz.
16. No próximo ano, certamente _____ muitas discussões em torno do problema.
17. _____ soluções para o problema, se todos colaborassem.
18. Não foi possível prever que _____ desentendimentos entre os ministros.
19. Muitas preocupações _____, se ele não fosse responsável.
20. Se não _____ guerras, não haveria ódio.
21. Mesmo que _____ julgamentos justos, não _____ condenação dos suspeitos.

22. Embora _____ inúmeros protestos, não _____ situação de perigo.
23. Ainda que muitas dúvidas _____ entre os presentes, os jornalistas enfim se calaram.
24. Enquanto _____ corações aflitos, _____ muitas incompreensões.
25. Se não _____ ressentimentos, não _____ desilusões.
26. Se _____ deputados no plenário, é sinal de que o assunto é importante.
27. Só poderemos aceitar o pedido, se _____ condições para isso.
28. Espero que não _____ dúvidas com relação ao assunto.
29. Embora _____ empecilhos legais, a lei será cumprida.
30. Ainda que muitas preocupações _____ pelo país afora, esperamos que o povo possa ficar tranqüilo.

* *

Verbo *haver* impessoal em locuções verbais (*poder, dever, parecer, precisar, ir, começar a, haver de*).

II – Observe o modelo:

Em Belo Horizonte, há mais de 100 hospitais.
Em Belo Horizonte, deve haver mais de 100 hospitais.

- Complete as lacunas com os verbos indicados entre parênteses + HAVER (observe se a ação ou o fato se passa no presente, passado ou futuro e conserve o mesmo tempo):

1. Há dúvidas ainda a respeito do assunto?
   _____ dúvidas ainda a respeito do assunto? (*poder*)
2. Haverá reuniões extraordinárias para debater o assunto.
   _____ reuniões extraordinárias para debater o assunto. (*poder*)
3. Não houve condições de resolver o problema.
   Não _____ condições de resolver o problema. (*poder*)

4. Se houvesse propostas satisfatórias, todos seriam recompensados.
   Se _____ propostas satisfatórias, todos seriam recompensados. (*poder*)
5. O projeto só será aprovado, se houver emendas.
   O projeto só será aprovado, se _____ emendas. (*poder*)
6. Não há diferenças entre ricos e pobres.
   Não _____ diferenças entre ricos e pobres. (*dever*)
7. Na próxima semana, haverá mais funcionários na seção de ensino.
   Na próxima semana, _____ mais funcionários na seção de ensino. (*dever*)
8. Muitas referências históricas havia naquele texto para que se apresentassem tantas interpretações ambíguas.
   Muitas referências históricas _____ naquele texto para que se apresentassem tantas interpretações ambíguas. (*dever*)
9. Há inúmeras soluções para o problema.
   _____ inúmeras soluções para o problema. (*parecer*)
10. Havia em cada semblante traços de descontentamento.
    _____ em cada semblante traços de descontentamento. (*parecer*)
11. Com relação às propostas enviadas à Comissão de Justiça, houve mais desacordos do que entendimentos.
    Com relação às propostas enviadas à Comissão de Justiça, _____ mais desacordos do que entendimentos. (*parecer*)
12. Apesar de tudo, há boas intenções no Congresso Nacional.
    Apesar de tudo, _____ boas intenções no Congresso Nacional. (*precisar*)
13. Haverá, por parte dos vereadores, argumentos concretos para derrubar a proposta do governo.
    _____, por parte dos vereadores, argumentos concretos para derrubar a proposta do governo. (*precisar*)
14. Haveria muitas razões para desistirmos do caso.
    _____ muitas razões para desistirmos do caso. (*precisar*)
15. Há interessados na solução do problema.
    _____ interessados na solução do problema. (*haver de*)
16. Mesmo em situações de calamidade pública, há promessas absurdas por parte dos políticos.
    Mesmo em situações de calamidade pública, _____ promessas absurdas por parte dos políticos. (*haver de*)

17. Em uma época não muito distante, houve tendências diversificadas sobre o assunto.
Em uma época não muito distante, _____ tendências diversificadas sobre o assunto. (*começar a*)
18. Há no Brasil congressos voltados especificamente para a ecologia.
_____ no Brasil congressos voltados especificamente para a ecologia (*começar a*)
19. Não havia propostas sérias com relação ao assunto.
Não _____ propostas sérias com relação ao assunto. (*ir*)
20. Depois da revolução, todos pensavam que houvesse muitas intrigas palacianas.
Depois da revolução, todos pensavam que _____ muitas intrigas palacianas. (*ir*)

* *

Verbo *haver* impessoal – tempos simples e compostos.

III – Corrija as frases abaixo, se necessário, com relação ao emprego do verbo *haver*:

1. Haviam milhares de andorinhas no céu de Ubatuba.
2. Por ali haviam dois alunos conversando sobre música.
3. Espero que haja razões mais consistentes para aprovarmos a reforma.
4. Todos esperam que não hajam desentendimentos entre os candidatos.
5. Todos sabem que motivos houveram para a renúncia, mas ninguém se digna declará-los.
6. Havia inúmeras pessoas interessadas na vaga.
7. Haveria, por parte de Machado de Assis, intenções não-reveladas?
8. Muitas propostas equivocadas haverão durante o simpósio.
9. Se houverem estímulos à lavoura, a produção poderá ser a maior dos últimos tempos.
10. Quando entrei na sala, já tinha havido várias desistências.
11. Não poderiam haver frutos se não houvessem flores.

12. Os prognósticos indicam que poderão haver eleições em novembro.
13. Devem haver muitos torcedores no estádio.
14. Não deviam haver restrições aos candidatos do interior.
15. Podem ter havido muitos bailes durante o carnaval.
16. Ainda vai haver férias durante este ano.
17. Precisariam ter havido muitos tipos de bebida durante a festa.
18. Todas as semanas, por motivo fútil, começam a haver desentendimentos durante a reunião.
19. Outros caminhos poderiam ter havido para todos nós.
20. Acredito que possa haver soluções mais adequadas para o caso.

* *

> Verbo *haver* com sujeito próprio (auxiliar flexionado).

IV – Observe o modelo:

O fiscal da Prefeitura havia multado o comerciante.
Os fiscais da Prefeitura haviam multado o comerciante.

Neste caso *haver* não tem o sentido de *existir*, como nos casos anteriores, mas de *ter*:

Os fiscais da Prefeitura tinham multado o comerciante.

• Reescreva as frases, observando o modelo apresentado:

1. O candidato havia conseguido boa colocação no concurso.
2. Ele havia chegado pela manhã naquele lugar estranho.
3. Espero que o hóspede haja chegado em boas condições.
4. Certamente a princesa haveria conseguido bom casamento, se o rei não fosse tão egoísta.
5. Havia surgido muita especulação durante o congresso dos cirurgiões.
6. A viagem só seria interrompida, se houvesse acontecido algum fato inesperado.

7. Haverei de lutar até morrer. (Nós)
8. O aventureiro há de chorar a morte do maior rival.
9. Haverá de existir uma solução para o problema.
10. Caso ele houvesse chegado a tempo, tudo seria diferente.

- Retome as respostas do exercício acima e substitua *haver* por *ter*, como se observa no primeiro exemplo:

Os candidatos haviam conseguido boas colocações no concurso.
Os candidatos tinham conseguido boas colocações no concurso.

* *

Distinção de emprego entre *existir* e *haver*.

V – Passe as frases para o plural, de acordo com o modelo:

Existia uma pessoa interessada na vaga.
Existiam algumas pessoas interessadas na vaga.

1. Existe razão de sobra para adotarmos tal atitude.
   _____ razões de sobra para adotarmos tal atitude.
2. Nunca existiu um professor como este.
   Nunca _____ professores como estes.
3. Se não existisse escola, não haveria futuro.
   Se não _____ escolas, não haveria futuro.
4. Deve existir muito professor interessado nestas aulas.
   _____ muitos professores interessados nestas aulas.
5. Não se sabe ao certo se pode existir animal nesta região.
   Não se sabe ao certo se _____ animais nesta região.
6. Já se sabe que motivo existe, e de sobra, para ele não ter sido investido no cargo.
   Já se sabe que motivos _____, e de sobra, para ele não ter sido investido no cargo.
7. Parece não existir razão para tal desespero.
   Parece não _____ razões para tal desespero.

125

8. Daqui a três anos, existirá uma avenida em torno da lagoa.
   Daqui a três anos, _____ duas avenidas em torno da lagoa.
9. Embora exista muita desinformação, os recursos devem aparecer.
   Embora _____ muitas desinformações, os recursos devem aparecer.
10. Só poderemos liberar a estação de rádio, se existir motivo para tanto.
    Só poderemos liberar a estação de rádio, se _____ motivos para tanto.

• Tome a 2ª frase de cada item e substitua *existir* por *haver*, como no modelo:

Existiam algumas pessoas interessadas na vaga.
Havia algumas pessoas interessadas na vaga.

✻ ✻

Verbo *haver*, indicando tempo decorrido (pode ser substituído por *fazer*).

VI – Reescreva as frases, substituindo o verbo *fazer* por *haver* (indicando tempo decorrido):

1. Conversei com o diretor faz dois minutos.
2. O sinal bateu faz muito tempo.
3. Mudamos para esta casa faz alguns anos.
4. Faz dois anos que não vou a Belém.
5. Admite-se que faz um ano que as coisas não vão bem para a Casa J. & J.
6. Fazia dois minutos que o rato desaparecera.
7. Já deve fazer cinco horas que conversei com o diretor.
8. O sinal bateu já deve fazer cinco minutos.
9. Segundo os especialistas, pode fazer três anos que o Cruzeiro não ganha do Atlético.
10. Parece fazer dois anos que o governo liberou a comercialização deste remédio.

> Diferença de emprego entre *há* e *a*.

VII – Observe a diferença de emprego entre *há* e *a*:

A estátua permanece na praça há vinte anos.
A estátua permanece na praça faz vinte anos.

Daqui a vinte anos, esta estátua estará no mesmo lugar.
[*a* não pode ser substituído por *faz*]

• Complete os exercícios, optando pelo modelo *a* ou *b*:

a) __Faz__ duas semanas que este projeto foi aprovado
   __Há__ duas semanas que este projeto foi aprovado.
b) Daqui __X__ duas semanas, este projeto será aprovado.
   Daqui __a__ duas semanas, este projeto será aprovado.

1. Já _____ três anos que esta praça foi inaugurada.
   Já _____ três anos que esta praça foi inaugurada.
2. _____ cinco minutos do Centro, foi inaugurado um novo *Shopping-Center*.
   _____ cinco minutos do Centro, foi inaugurado um novo *Shopping-Center*.
3. Constatou-se que as mudanças foram feitas _____ muitos anos.
   Constatou-se que as mudanças foram feitas _____ muitos anos.
4. _____ três décadas que o político não comparece à sua terra natal.
   _____ três décadas que o político não comparece à sua terra natal.
5. Houve um acidente horrível _____ trinta quilômetros de Guarapari.
   Houve um acidente horrível _____ trinta quilômetros de Guarapari.

6. Daqui _____ dois anos, a Constituição passará por uma nova reforma.
   Daqui _____ dois anos, a Constituição passará por uma nova reforma.
7. _____ um quilômetro de Pitangui, existe uma caverna que merece ser visitada.
   _____ um quilômetro de Pitangui, existe uma caverna que merece ser visitada.
8. _____ duas horas de Madri, o avião caiu.
   _____ duas horas de Madri, o avião caiu.
9. _____ duas horas, o avião pousou em Madri.
   _____ duas horas, o avião pousou em Madri.
10. Daqui _____ pouco, o avião sairá.
    Daqui _____ pouco, o avião sairá.

* *

Sentidos especiais do verbo *haver*.

VIII – O verbo *haver* pode apresentar sentido especial em alguns casos. Construa duas frases para cada exemplo, com o mesmo significado das frases apresentadas:

1. Todos os concorrentes se houveram com dignidade.
   O lutador houve-se como herói.
   • Verbo *haver*: sentido de *proceder, desincumbir-se, sair-se*.
   Frase n. 1: _____
   Frase n. 2: _____

2. Os alunos que não comparecerem à prova final, comigo se haverão.
   Quem desobedecer ao regulamento se haverá com o Diretor.
   • Verbo *haver*: sentido de *acertar contas*.
   Frase n. 1: _____
   Frase n. 2: _____

3. O Presidente do Clube houve por bem contratar novos reforços para o time.
   As autoridades do Estado houveram por bem decretar o fechamento da escola.
   • Verbo *haver*: sentido de *dignar-se, resolver, considerar bom.*
   Frase n. 1: _____
   Frase n. 2: _____

B) Gênero do substantivo

Gênero do substantivo: casos mais simples da oposição masculino/feminino.

I – Complete a 2ª frase de cada item:

1. José Francisco é um leitor assíduo.
   Maria Inês _____
2. O deputado estadual é o novo assessor do gabinete.
   A _____
3. O Vice-Governador assumirá o cargo em abril.
   A _____
4. O seu predecessor deixou-lhe uma fortuna incalculável.
   A _____
5. O tio Ivan é o seu mentor intelectual.
   A tia Clara _____
6. O advogado permanece como gestor de seus bens.
   A _____
7. Muitas homenagens foram prestadas ao seu genitor.
   _____ à sua _____
8. O barão não se dignou receber os representantes da plebe.
   A _____
9. O Marquês de Villalva retirou-se para os seus aposentos.
   A _____

10. Todos são favoráveis ao casamento do duque.
    _____ da _____
11. O abade se retirou após a preleção.
    A _____
12. Todos esperam a chegada do conde e do visconde.
    _____ da _____ e da _____
13. Em sua própria igreja, ele age como um verdadeiro papa.
    _____ ela_____
14. O poeta assentou-se à direita do Presidente da Casa.
    A _____
15. Em minha paróquia há vários diáconos.
    _____ várias _____
16. Há igrejas que não admitem bispos estrangeiros.
    _____ estrangeiras.
17. Ele surgiu como um profeta do mundo moderno.
    Ela _____
18. No mundo egípcio, os sacerdotes exerciam um importante papel na sociedade.
    _____ as _____
19. Nos filmes modernos, o herói nem sempre tem um final feliz.
    _____ a_____
20. Terminado o concerto, o maestro recebeu os cumprimentos no salão nobre.
    _____ a _____

RESUMO: preencha o quadro abaixo de acordo com o que foi respondido no exercício I.

MASCULINO	FEMININO
1. leitor	leitora
2.	
3.	
4.	

✻ ✻ ✻ ✻ ✻ ✻ ✻ ✻ ✻ ✻ ✻ ✻ ✻ ✻ ✻ ✻ ✻ ✻ ✻ ✻

> Feminino de substantivos terminados em -ão.

II – Observe que as palavras terminadas em *-ão* fazem o feminino de três maneiras:

leitão → leitoa
anão → anã
folião → foliona

• Distribua as palavras abaixo no quadro que se segue:

leão – aldeão – bonachão – comilão – ermitão – cidadão – cirurgião – espertalhão – ancião – patrão – anfitrião – solteirão – moleirão – campeão – capitão – charlatão – cinqüentão – cristão – deão – escrivão – espião – fanfarrão – glutão – guardião – pagão – peão – sultão – tabelião – tecelão – varão – vilão – artesão

-OA	-Ã	-ONA
leoa	aldeã	bonachona

✳ ✳

> Feminino de substantivos: casos especiais.

III – Para fazer o exercício que se segue, você deve consultar ou um dicionário ou um livro especializado em tirar dúvidas do português ou pedir o auxílio de pessoas mais escolarizadas.

• Preencha as lacunas, de acordo com o modelo:

Ao chegar à Delegacia, constatou-se que a __ladra__ estava desarmada. (ladrão)

1. A _____ fez questão de receber oficialmente os representantes dos países árabes. (embaixador)
2. Durante a recepção, a _____ permaneceu ao lado de seu marido, o embaixador Mário Cordeiro. (embaixador)
3. As _____ foram dizimadas em seu *habitat*. (elefante)
4. Marina é uma _____ de mão-cheia. (cerzidor)
5. Toda _____ é inocente, até prova em contrário. (réu)
6. _____ que ladra não morde. (cão)
7. Ao aparecer em público, a _____ não se conteve e tirou o véu. (sultão)
8. Pode-se dizer que a _____ nunca chega a se acostumar com o clima tropical. (europeu)
9. Ninguém se dispôs a lhe dar confiança, porque ela era uma _____. (ateu)
10. Feitas as pazes, a _____ se aproximou de seu maior rival. (judeu)
11. Ao chegar ao mosteiro, a _____ trocou de hábito. (frade)
12. Todos ficaram espantados, porque a _____ sussurrou o nome do amigo. (guri)
13. A _____ se aproximou, sem que ninguém percebesse. (capiau)
14. Na visita ao jardim Zoológico, todos ficaram maravilhados com a _____. (pavão)
15. A _____ em Direito fez questão de ser cumprimentada pelo juiz. (bacharel)

✳ ✳

Casos de heteronímia: formação de feminino com radicais diferentes.

IV – Numere a 2ª coluna de acordo com a 1ª:

MASCULINO	FEMININO
1. bode	( ) vaca
2. zangão	( ) besta

3. cavaleiro   ( ) nora
4. frei   ( ) dama
5. genro   ( ) cabra
6. burro   ( ) amazona ou cavaleira
7. carneiro   ( ) abelha
8. cavalo   ( ) égua
9. touro   ( ) ovelha
10. cavalheiro   ( ) sóror

****

Substantivos epicenos, sobrecomuns e comuns de dois gêneros.

V – Observe que as palavras destacadas abaixo referem-se a seres de sexos diferentes:

A) O *jacaré* macho escondeu-se atrás das pedras.
O *jacaré* fêmea escondeu-se atrás das pedras.

B) Ele foi indicado como a *testemunha* mais importante do julgamento.
Ela foi indicada como a *testemunha* mais importante do julgamento.

C) O *selvagem* não pôde manifestar-se de maneira adequada.
A *selvagem* não pôde manifestar-se de maneira adequada.

• Enquadre as palavras abaixo no grupo A, B ou C, de acordo com o esquema anterior:

dentista – gerente – vítima – tatu – cobra – guia – intérprete – manequim – baleia – cônjuge – mártir – camarada – indivíduo – onça – carrasco – herege – apóstolo – suicida – indígena – águia – verdugo – selvagem – algoz – servente – compatriota – condor – criatura – agente – modelo – soprano – personagem

GRUPO A	GRUPO B	GRUPO C
		dentista

Considere agora as palavras:

vítima – cobra – guia – manequim – cônjuge – camarada – indivíduo – carrasco – herege – águia – verdugo – selvagem – algoz – compatriota – modelo

- Forme duas frases com cada uma dessas palavras, de acordo com o modelo:

Carlos Alberto foi uma vítima fatal do acidente.
Maria Eugênia foi uma vítima fatal do acidente.

* *

Substantivos que variam de significação com a mudança de gênero.

VI – Observe o emprego da palavra *cura* nas frases:

O cura chamou os fiéis à igreja. (cura = pároco)
A cura da doença se deveu à persistência do paciente. (cura = ato de curar)

Como se observa, algumas palavras mudam de sentido quando trocam de gênero.

- De acordo com o modelo apresentado, proceda da mesma forma com as palavras:

lente – moral – guarda – guia – cisma – caixa – cabeça – corneta – grama – rádio – nascente – praça

* *

> Substantivos de gênero vacilante – Alguns substantivos podem apresentar dúvida quanto ao gênero a que pertencem.

- Preencha os espaços com as palavras indicadas entre parênteses, fazendo as adaptações necessárias:

1. A reunião foi interrompida por _____ telefonema do Secretário-Geral. (um/uma)
2. Ninguém se serviu _____ alface, porque _____ estava um pouco _____. (do/da, ele/ela, amarelo/amarela)
3. _____ diabete(s) é uma doença que precisa de tratamento adequado. (o/a)
4. À meia-noite, todos se dirigiram à varanda para ver _____ eclipse. De fato, _____ foi _____. (o/a, ele/ela, maravilhoso/maravilhosa)
5. Eu tenho _____ dó dos enfermos deste hospital. (muito/muita)
6. _____ dinamite causou inúmeros estragos à rodovia. (o/a)
7. _____ clã, uma vez _____, demonstrou um profundo respeito pelos antepassados. (o/a, reunido/reunida)
8. _____ aluvião deixou estragos profundos na cidade. (o/a)
9. Na palavra *tranqüilo*, por exemplo, ___ trema é _____. (o/a, obrigatório/obrigatória)
10. _____ trama da novela não é _____ àquela faixa etária. (o/a, adequado/adequada)
11. _____ champanhe não deve ser _____ completamente _____. (o/a, servido/servida, gelado/gelada)
12. A Secretária da Educação tem _____ sósia _____. (um/uma, perfeito/perfeita)
13. No choque com o adversário, o jogador deslocou _____ omoplata. (o/a)
14. São _____ apenas _____ e cinqüenta gramas deste produto. (necessários/necessárias, duzentos/duzentas)
15. Tanto _____ herpes quanto ___ eczema são _____. (o/a, o/a, contagiosos/contagiosas)

16. João Francisco é _____ sentinela _____. (um/uma, preguiçoso/preguiçosa)
17. Este filme poderá despertar _____ libido _____ dos espectadores. (o/a, adormecido/adormecida)
18. _____ cal _____ é _____ em qualquer depósito de material de construção. (o/a, hidratado/hidratada, encontrado/encontrada)
19. A miséria é _____ estigma da sociedade. (um/uma)
20. Durante todo o evento, _____ toalete esteve _____. (o/a, ocupado/ocupada)
21. _____ chaminé estava quase _____. (o/a, entupido/entupida)
22. Apesar do acidente, ele não teve problema com _____ faringe. (o/a)
23. _____ laringe é um importante órgão do aparelho fonador. (o/a)
24. _____ açúcar _____ não deve ser _____ nesta casa. (o/a, refinado/refinada, consumido/consumida)

RESUMO: siga o modelo:

MASCULINO	FEMININO
<u>O</u> telefonema	<u>A</u> alface

✼ ✼

> Frases para corrigir. As correções referem-se exclusivamente à questão do gênero.

• Corrija as seguintes frases, se necessário:

1. Espere um instante, porque vou à esquina dar uma telefonema.
2. Quantas gramas de diferença são necessárias para caracterizar uma infração?
3. A professora de Português é um carrasco. Ela não tem nenhuma dó dos alunos.

4. As tabelionas se reuniram com o Secretário de Justiça.
5. A embaixatriz foi nomeada pelo Presidente da República.
6. Ronaldo não podia reclamar. Seu cônjuge era uma mulher admirável.
7. Maria Angélica trabalhava em uma empresa de turismo. Era um guia eficientíssimo.
8. Leandro, depois de perder o pênalte, estava com a moral baixa.
9. A Rainha Elizabeth tem uma sósia perfeita em Nova Iorque.
10. André ficou preocupado, porque o seu rádio não estava conseguindo sintonizar a rádia Nova Vista.

C) Uso do acento indicador da crase

Como vimos no Método GNM, o ensino da língua padrão deve também se constituir em uma espécie de desafio aos alunos. Eles já sabem português, mas são capazes de dominar o dialeto padrão? Esta série de exercícios começa com uma pergunta (que pode ser implícita ou explícita) aos alunos: – Tudo bem, vocês sabem falar e escrever o português, mas vocês sabem usar convenientemente o acento indicador da crase?

I – Desafio: Vamos ver se você é capaz de preencher os espaços corretamente com *a, as, à, às*:

1. ___ partir de janeiro, ___ prestações deverão ser pagas no Banco Nova Vista.
2. No caixa 1 serão feitos pagamentos ___ vista e no caixa 2, pagamentos ___ prazo.
3. Todos deverão se apresentar ___ Diretora, ___ quatorze horas.
4. Os reclamantes disseram que vão recorrer ___ justiça.
5. Sentou-se ___ mesa e começou escrever ___ máquina.
6. Decidiu não mais voltar ___ Argentina, mas retornou ___ Portugal depois de dois meses.
7. O ar cheira ___ gasolina.
8. Mariana comprou alguns quadros ___ óleo para enfeitar ___ minha sala.

9. Chegamos ____ portaria ____ nove horas, para assistir ____ inauguração da escola.
10. ____ direita havia nomes gravados ____ canivete.

- Veja como está a sua cotação:
  1 a 5 acertos: FRACO
  6 a 10 acertos: REGULAR
  11 a 15 acertos: BOM
  16 a 20 acertos: ÓTIMO

✻ ✻ ✻ ✻ ✻ ✻ ✻ ✻ ✻ ✻ ✻ ✻ ✻ ✻ ✻ ✻ ✻ ✻ ✻ ✻

> Ensino do emprego do acento indicador da crase por meio da substituição de um substantivo feminino por um substantivo masculino. O professor mostrará ao aluno que, ocorrendo *ao* diante da palavra masculina, *a* recebe o acento da crase.

II – Observe:

Iremos a praia.	Iremos à praia.
Iremos ao museu.	
Apresentei-me a diretora.	Apresentei-me à diretora.
Apresentei-me ao diretor.	
Obedeço as leis de Deus.	Obedeço às leis de Deus.
Obedeço aos meus pais.	
Dedico-me as artes.	Dedico-me às artes.
Dedico-me aos estudos.	

- Siga os modelos apresentados:

1. Ontem fui a praia. _____
   Ontem fui ao cinema.

2. O diretor referiu-se a aluna. _____
   O diretor referiu-se ao aluno.
3. Recorreram a justiça. _____
   Recorreram ao juiz.
4. Cedi o livro a professora. _____
   Cedi o livro ___ professor.
5. Ele compareceu as reuniões. _____
   Ele compareceu ___ ensaios.
6. Permanecemos junto a porta. _____
   Permanecemos junto ___ portão.
7. Ninguém é insensível a dor. _____
   Ninguém é insensível _____.
8. O Prefeito chegou a festa acompanhado de seu principal assessor.
   O Prefeito chegou _____ acompanhado de seu principal assessor.
9. O Presidente assistiu a manifestação de seus funcionários mais próximos.
   O Presidente assistiu _____ de seus funcionários mais próximos.
10. Os alunos fizeram, durante o último verão, um passeio a Serra da Canastra.
    Os alunos fizeram, durante o último verão, um passeio _____.

* *

> Apresentação de casos em que *a* e *as* não devem receber o acento indicador da crase. Na prática, observa-se que, ao se fazer a substituição do substantivo feminino pelo masculino, não aparece a combinação *ao*. É muito importante o trabalho do professor em casos como este: ele deve realçar com bastante ênfase que, nos casos que se seguem, aparecem *o* e *os* e não *ao* e *aos*.

III – Compare os exemplos do exercício II com os exemplos que se seguem:

Vi a cidade.   Vi a cidade.
Vi o museu.

Vamos escolher _a_ aluna mais bonita da sala.

Vamos escolher _o_ aluno mais bonito da sala.

Vamos escolher _a_ aluna mais bonita da sala.

• Siga os modelos apresentados:

1. Os rapazes compraram a televisão. _____
   Os rapazes compraram o rádio.
2. Os turistas visitaram a cidade. _____
   Os turistas visitaram ___ monumento.
3. Os padres recolheram as esmolas. _____
   Os padres recolheram _____
4. Recebemos as visitas com muito carinho. _____
   Recebemos _____ com muito carinho.
5. Todos honraram a palavra empenhada. _____
   Todos honraram _____

✻ ✻ ✻ ✻ ✻ ✻ ✻ ✻ ✻ ✻ ✻ ✻ ✻ ✻ ✻ ✻ ✻ ✻ ✻ ✻

> Exercício de fixação. O professor deverá insistir na possibilidade de substituição de _a/as_ por _ao/aos_ ou _o/os_.

IV – Preencha as lacunas com _a, as, à_ ou _às_:

1. Na escola em questão, exige-se ___ assistência ___ aulas.
2. Ela foi ___ feira, depois ___ modista.
3. O menino confessou ___ falta ___ diretora.
4. Se as coisas continuarem desse modo, o Governador deverá recorrer ___ Justiça.
5. Chovia muito, quando a vítima se dirigia ___ Praça Dom Joaquim.
6. A belonave, antes de ser incorporada ___ Marinha Brasileira, pertencia ___ Marinha Inglesa.
7. É de se esperar que as freiras prestem obediência ___ Madre Superiora.

8. A sentinela conduziu ___ prisão o condenado.
9. Prefiro os cravos ___ margaridas.
10. Quando estávamos junto ___ fogueira, deu-se início ___ festa.

* *

> Este exercício tem como objetivo levar o aluno a adquirir o hábito de não usar o acento indicador da crase diante de palavras masculinas.

V – Observe que não se usa o acento da crase diante de palavras masculinas:

O óleo.   PALAVRA MASCULINA
A exposição só apresentava quadros a óleo.

O edifício.   PALAVRA MASCULINA
Mansões estão cedendo lugar a edifícios.

O prazo.   PALAVRA MASCULINA
É preciso cuidado com as compras a prazo.

• Complete as frases que se seguem. Proceda como nos exemplos acima:

1. Isto cheira a vinho. (o vinho)
2. Em Araxá, passeamos ___ pé.
3. Na Av. Paulista, mansões cederam lugar ___ edifícios.
4. O macaco foi morto ___ pau.
5. Os "perueiros" foram agredidos ___ cassetete.
6. É preciso cuidado com as compras ___ prazo.
7. A prova poderá ser feita ___ lápis.
8. Eles irão ___ cavalo à fazenda mais próxima.
9. Juntos íamos ___ bailes e ___ teatros.
10. Venho ___ mando de meu patrão.

* *

> Casos em que o acento indicador da crase é facultativo.

VI – Observe que em alguns casos o emprego do acento indicador da crase é facultativo:

O Diretor referiu-se A MINHA ATUAÇÃO.
O Diretor referiu-se A MEU DESEMPENHO.

O Diretor referiu-se À MINHA ATUAÇÃO.
O Diretor referiu-se AO MEU DESEMPENHO.

• Complete as frases, como no modelo apresentado:

1. Ernesto escreveu ___ sua irmã.
   Ernesto escreveu a seu irmão.

   Ernesto escreveu ___ sua irmã.
   Ernesto escreveu ao seu irmão.

2. As encomendas foram entregues ___ minha sogra.
   As encomendas foram entregues ___ meu sogro.

   As encomendas foram entregues ___ minha sogra.
   As encomendas foram entregues ___ meu sogro.

3. O professor fez elogios ___ Marlene.
   O professor fez elogios _____.

   O professor fez elogios ___ Marlene.
   O professor fez elogios _____.

4. Não se deve dirigir a palavra _____.
   Não se deve dirigir a palavra _____.

   Não se deve dirigir a palavra _____.
   Não se deve dirigir a palavra _____.

5. Fizeram ameaças _____.
   Fizeram ameaças _____.

   Fizeram ameaças _____.
   Fizeram ameaças _____.

※ ※

> O sinal indicador da crase em locuções adverbiais, prepositivas e conjuntivas.

VII – Observe a diferença de sentido entre:

A VONTADE de cada um é importante para a empresa.
Todos ficaram À VONTADE durante a reunião.

A TARDE foi animada por um grande rodeio.
À TARDE houve um grande rodeio.

AS TERÇAS-FEIRAS são dedicadas ao ensaio do coral.
ÀS TERÇAS-FEIRAS o coral se reúne.

A MÁQUINA escreve com bastante rapidez.
À MÁQUINA escreve-se com bastante rapidez.

Certas expressões são escritas com o acento indicador da crase (sempre com palavras femininas):

às claras, às ocultas, às escondidas, às vezes, às tontas, às ... horas, às pressas, às quintas-feiras, etc.

à noite, à vista, à primeira vista, à hora certa, à direita, à americana, à milanesa, à toa, à noite, à tarde, à socapa, à vontade, à máquina, à baila, à distância, à chave, à bala, à gasolina, etc.

à procura de, à beira de, à cata de, à moda de, à custa de, à força de, etc.

143

• Forme frases com as seguintes expressões:

às claras – às ocultas – às escondidas – às tontas – à vista – à primeira vista – à toa – à socapa – à máquina – à gasolina – à cata de – à custa de – à proporção que – à medida que

✳ ✳

> A crase diante de nomes próprios.

VIII – Desafio: Marque a opção que você considera correta:

Você já foi A BAHIA? ___
Você já foi À BAHIA? ___

Como saber se o acento da crase é empregado diante de nomes de lugares?

Observe o seguinte:

A BAHIA é a terra do amor.
Fui À BAHIA no ano passado.

_X_ CURITIBA é uma cidade organizada.
Fui A CURITIBA no ano passado.

• Proceda da mesma maneira:

1. ___ São Paulo é a cidade do progresso.
   Fui ___ São Paulo durante as férias.
2. ___ Florianópolis fica numa ilha.
   Meus amigos foram ___ Florianópolis em agosto.
3. ___ Paquetá é uma ilha encantadora.
   O autor referiu-se ___ Paquetá em seu romance.
4. ___ Paraíba é um estado do Nordeste.
   Todas as notícias se referem ___ Paraíba.

5. ___ França é o país da moda.
   Já está tudo pronto para minha visita ___ França.
6. Durante a Copa do Mundo de 1990, todas as atenções se voltaram para ___ Itália.
   Depois do espetáculo na Suíça, os cantores se dirigiram ___ Itália.
7. Todos sabemos que ___ Portugal esteve sob uma forte ditadura.
   O Ministro não fez referências ___ Portugal em seu discurso.
8. ___ Alemanha passou por experiências terríveis durante as duas guerras.
   O Ministro não fez referências ___ Alemanha em seu discurso.
9. Todas as nações americanas têm comércio com ___ Inglaterra.
   Ninguém se compara ___ Inglaterra em matéria de organização.
10. ___ Roma é considerada a Cidade Eterna.
    O Presidente não foi ___ Roma, conforme prometera.
11. ___ Roma dos Césares não pode ser esquecida.
    O Embaixador fez questão de voltar ___ Roma dos Césares.
12. ___ Ouro Preto é a cidade-símbolo da Liberdade.
    Os turistas sempre voltam ___ Ouro Preto.
13. Todos veneram ___ histórica Ouro Preto.
    Em 21 de abril, todos comparecem ___ histórica Ouro Preto.
14. ___ Nossa Senhora Aparecida é a padroeira do Brasil.
    Em Aparecida, todos demonstraram muito respeito ___ Nossa Senhora Aparecida.
15. ___ Virgem Maria esteve presente ___ morte de seu Filho.
    Aí está o motivo de tanto louvor ___ Virgem Maria.

※ ※

> A crase como resultado da contração da preposição *a* com os pronomes demonstrativos *aquele/aqueles, aquela/aquelas, aquilo*.

IX – Observe:

Eu não vou A CAMPO de futebol.
Eu não vou A AQUELE campo de futebol.
Eu não vou ÀQUELE campo de futebol.

• Complete as lacunas:

1. Eu não me refiro A AQUELE comercial de TV.
   Eu não me refiro _____ comercial de TV.
2. Todos se apegaram A AQUELE menino.
   Todos se apegaram _____ menino.
3. Os deputados não podem mais pertencer A AQUELA comissão.
   Os deputados não podem mais pertencer _____ comissão.
4. Eles não deram o devido valor A AQUELES artistas.
   Eles não deram o devido valor _____ artistas.
5. A submissão A AQUELAS normas faz parte do regulamento.
   A submissão _____ normas faz parte do regulamento.
6. Não posso mais garantir o meu apoio com relação A AQUILO que foi dito ontem.
   Não posso mais garantir o meu apoio com relação _____ que foi dito ontem.
7. A AQUELA hora o trem já tinha partido.
   _____ hora o trem já tinha partido.
8. A AQUELES que se contentam com pouco, o avô deixou alguns conselhos.
   _____ que se contentam com pouco, o avô deixou alguns conselhos.
9. Todos se referiam A AQUILO, como se fosse o fim do mundo.
   Todos se referiam _____, como se fosse o fim do mundo.
10. Chegamos A AQUELE sítio, às nove horas da manhã.
    Chegamos _____ sítio, às nove horas da manhã.

✷ ✷

Em sua grande maioria, os problemas relativos ao emprego do acento da crase são resolvidos, na prática, com a possível substituição de *a* por *ao*. É o que se pretende demonstrar neste exercício, que é também uma revisão dos principais casos estudados.

X – Observe os modelos:

A) Refiro-me À RAINHA DO EGITO.
   Refiro-me AO REI DA INGLATERRA.

B) Ele foi submetido A UMA GRANDE PRESSÃO.
   Ele foi submetido A UM GRANDE MEDO.

• Proceda como A ou como B (em alguns casos a crase é facultativa):

1. Não irei à feira no próximo domingo. (Não irei ao clube no próximo domingo)
2. Chegamos a conclusão que nos interessava. (_____)
3. O sacristão demonstrou ser insensível a dor. (_____)
4. O Ministro costuma ir acompanhado a festas. (_____)
5. Todos ficaram a pensar no futuro. (_____)
6. Só retornou ao quartel, depois de telefonar a sua mãe. (_____)
7. Quanto as moças, refiro-me a que usa cor azul. (_____)
8. Não fiz referência a aluna que chorava, mas a que ria. (_____)
9. Voltou a filha a casa dos pais. (_____)
10. Em Minas Gerais, todos se vestem a (moda) mineira. (_____)
11. Trata-se de móveis a (moda) Luís XV. (_____)
12. Neste bairro, a maioria dos rapazes usa cabelo a (moda) Sansão. (_____)
13. No filme todos falam a (maneira) inglesa. (_____)
14. Eles ficaram cara a cara com o inimigo. (_____)
15. O delegado permaneceu frente a frente com o assaltante. (_____)
16. A sobrinha teve a coragem de se colocar face a face com o tio. (_____)
17. As críticas foram feitas a minha chefe. (_____)
18. Ele sempre assiste a apresentações de rodeio. (_____)
19. Nunca me referi a "moças de rua". (_____)
20. Ele sempre assiste as apresentações de Roberto Carlos. (_____)
21. Nunca me refiro as moças da Rua Bambina. (_____)
22. Dirigi-me a duas pessoas vizinhas. (_____)

* *

Aqui terminamos os três blocos de exercícios de treinamento relacionados com: A) Emprego do verbo *haver*; B) Gênero do substantivo; C) Emprego do acento indicador da crase.

Em seguida apresentamos mais algumas sugestões de exercícios, que poderão servir de modelo para posteriores desdobramentos por parte dos professores.

A) Concordância entre as palavras na frase

I – Nas frases abaixo, os termos em negrito referem-se a palavras e expressões circuladas:

Em abril, (os operários) **resolveram** suspender a greve.

Na aula de inglês, **surgiram** muitas (reclamações.)

• Proceda da mesma maneira com as frases abaixo:

1. As sombras envolvem a cidade.
2. As estrelas brilham no céu de Diamantina.
3. No coração das mães crescem todos esses pensamentos.
4. Isto não me agrada.
5. Foi rápido o regresso do amigo.
6. Aqui não entram crianças.
7. Surgiram muitas dúvidas durante a prova.
8. Em Belo Horizonte, existem inúmeras praças públicas.
9. Durante o verão, apareceram várias garças na Lagoa da Pampulha.
10. Eram sólidos e bons os móveis.
11. Por entre as flores zumbem abelhas apressadas.
12. No altar-mor o sacerdote oficiava a missa.
13. No carnaval, passam muitos blocos por esta rua.
14. Durante o verão, não faltam diversões no Rio de Janeiro.

II – Complete as frases abaixo com as palavras entre parênteses, fazendo as devidas modificações:

1. Durante todo o inverno, os animais se _____ na floresta. (esconder/passado)
2. _____ à frente das escolas o porta-bandeira. (caminhar/presente)
3. Neste lago, não _____ plantas aquáticas. (existir/presente)
4. Às vezes _____ fatos que parecem impossíveis. (acontecer/presente)
5. Aqui outrora _____ hinos. (retumbar/passado)
6. _____-me os céus uma graça linda. (conceder/passado)
7. Para falar ao vento _____ palavras. (bastar/presente)
8. No simpósio de outubro, certamente _____ muitas discussões. (surgir/futuro)
9. Pitangui e sua gente _____ por um progresso moderado. (optar/passado)
10. _____ imediatamente o esposo e o médico. (vir/passado)
11. Ali _____ o rio e suas lavadeiras. (estar/passado)
12. Enquanto ele não vinha, _____ um jornal e uma vela. (aparecer/passado)
13. E de tudo, só _____ a árvore, a relva e o cestinho de morangos. (restar/futuro)
14. _____ o céu e a terra, porém as minhas palavras não passarão. (passar/futuro)

✳ ✳

III – As cidades, os campos, os vales e os montes, tudo era mar.

Observe que a seqüência *as cidades, os campos, os vales e os montes* está resumida pela palavra *tudo*, por isso *era* está no singular. O mesmo se dá com palavras do tipo *nada, ninguém, nenhum*, etc.

• Siga o modelo apresentado.

1. Jogos, espetáculos, viagens, diversões, nada _____ satisfazê-lo. (poder)

2. O falso e o verdadeiro, a verdade e a mentira, tudo _____. (passar)
3. A noz, o burro, o sino e o preguiçoso, sem pancada, nenhum _____ o seu ofício. (fazer)
4. Alegrias, tristezas, saudades, nada o _____ chorar. (fazer)
5. Letras, ciências, costumes, instituições, nada disso _____ nacional. (ser)

* *

IV – Observe os modelos:

1. Tudo é calmo em Nazaré.
2. Tudo são flores em minha terra natal.

Na frase n. 1 *é* está no singular e concorda com *tudo*. Na frase n. 2 *são* concorda com *flores*.

- Nos itens que se seguem, siga o modelo da frase n. 2, ou seja, faça o verbo *ser* concordar com a expressão destacada:

1. A cama _____ *umas palhas*.
2. A causa _____ *seus projetos*.
3. _____ tudo *travessuras de criança*.
4. Aquilo não _____ *vozes*, _____ *ecos do coração*.
5. Dali em diante, o que ela dizia _____ *palavras sem nexo*.
6. Nas minhas terras o rei _____ *eu*.
7. O Brasil, senhores, _____ *vós*.
8. Na mocidade tudo _____ *esperanças*.
9. O responsável _____ *tu*.
10. Isto _____ *os ossos do ofício*.
11. Tua vida _____ *essas ilusões*.
12. Tudo _____ *hipóteses*.
13. Aquilo _____ *asperezas do coração*.
14. Vida de craque não _____ *rosas*.
15. Sua salvação _____ *aquelas ervas*.

16. A maioria _____ *rapazes*.
17. O resto _____ *trastes velhos*.

※ ※

V – Observe os modelos:

1. A multidão dos peregrinos caminhava lentamente.
2. A multidão dos peregrinos caminhavam lentamente.

Observe que, no modelo 1, o verbo concorda com *multidão*. No modelo 2, o verbo concorda com *peregrinos*. As duas formas são consideradas corretas.

• Transforme as frases abaixo de modelo 2 em modelo 1:

1. O exército dos aliados desembarcaram na Itália.
2. Uma porção de índios surgiram no meio das árvores.
3. O bando dos guerreiros tabajaras fugiram numa nuvem de poeira.
4. Um bloco de foliões animavam o centro da cidade.
5. A maior parte dos doidos ali metidos estão em seu perfeito juízo.
6. A maior parte das pessoas pedem uma sopa, um prato de carne ou um prato de legumes.
7. A maioria dos acidentes nas estradas de acesso ao Rio ocorrem em dias claros.
8. A maioria dos trabalhadores receberam essa notícia com alegria.
9. A maioria das palavras continuam visíveis.
10. Meia dúzia de garimpeiros doentes esperavam a consulta matutina.
11. A maior parte destes quartos não tinham teto, nem portas, nem pavimento.
12. Uma porção de moleques me olhavam admirados.
13. A maioria dos homens morrem antes dos setenta.
14. A maior parte dos meus tios são gente de recursos.
15. A grande maioria das mulheres de Diamantina são bonitas.

B) Número do substantivo

• Escreva as palavras abaixo no plural. Em seguida, faça uma frase com cada uma delas (no plural):

Grupo *a*: herói, tatu, campeã, nó, degrau, troféu, flautim, atum
Grupo *b*: faquir, açúcar, rês, mal, cônsul, xadrez
Grupo *c*: níquel, farol, sol, álcool, réptil, projétil, funil, barril
Grupo *d*: tubarão, vulcão, capelão, escrivão, cidadão, pagão
Grupo *e*: oásis, cais, alferes, tórax, atlas

O caro Colega poderá observar que alguns exercícios, como o citado acima, requerem por parte dos alunos algum tipo de pesquisa. O PP poderá indicar, portanto, algum livro de consulta que apresente os plurais, os femininos, os coletivos, as conjugações verbais, etc. Poderá indicar também o uso do dicionário. De nossa parte, cremos ser desaconselhável a consulta às gramáticas tradicionais por parte dos alunos. De fato, como dissemos anteriormente, para se consultar uma gramática, é necessário saber gramática, do mesmo modo como para se consultar o Código Civil é necessário saber Direito Civil. Experimente pedir aos seus alunos para localizar nas gramáticas o emprego do acento indicador da crase. É uma das tarefas mais difíceis que existem!

C) Emprego de conjunções subordinativas

• Substitua as seqüências destacadas por outras de igual sentido, de acordo com o modelo (fazendo as modificações necessárias):

1. *Como* estivesse de luto, não nos recebeu.
   porquanto: Não nos recebeu, porquanto estivesse de luto.
   uma vez que: _____
   já que: _____
   pois: _____

2. Célia vestia-se bem, *embora* fosse pobre.
   ainda que: _____

conquanto: _____
mesmo que: _____
posto que: _____
se bem que: _____
em que (pese): _____

3. Ficaremos sentidos, *a menos que* você venha.
se: _____
salvo se: _____
contanto que: _____
caso: _____
desde que: _____
a não ser que: _____

D) Emprego de pronomes pessoais retos e oblíquos

Modelo:

Este presente é para mim.
Este presente é para eu abrir.

• Siga o modelo:

1. Este livro é para mim.
   _____

2. Esta lembrança é para mim.
   _____

3. Este perfume é para mim.
   _____

4. Aquele anel é para mim.
   _____

5. Meu namorado deu este presente para mim.
   _____

6. Meu pai deu este Fusquinha para mim.
   _____

E) Colocação de pronomes

Na língua padrão, não se iniciam frases com as palavras *me, te, se, lhe, nos* e *vos*.

• Corrija as frases abaixo, de acordo com o modelo:

Se sabe que a Terra é redonda.
Sabe-se que a Terra é redonda.

1. Me acusaram de ingrato!
___
2. Te argüiram em condições precárias.
___
3. Se comenta que o candidato irá renunciar.
___
4. Se extraiu muito ouro das montanhas de Minas.
___
5. Nos disseram que os professores irão se reunir amanhã.
___
6. Vos conclamamos para a luta!
___

F) Emprego da voz passiva pronominal

Observe os modelos:

Alugam-se apartamentos. → Apartamentos são alugados.
Vendem-se casas. → Casas são vendidas.
Conserta-se geladeira. → Geladeira é consertada.

• Siga o modelo:

1. _____-se uma lição de português. (preparar)
   Uma lição de português foi preparada.

2. _____-se uma casa de praia em Cabo Frio. (alugar)

3. _____-se a comida no fogareiro. (esquentar)

4. _____-se todos os alunos do colégio no pátio. (reunir)

5. Já não se _____ automóveis como antigamente. (fabricar)

6. _____-se no processo todas as dívidas existentes. (incluir)

7. _____-se alguns critérios para a correção da prova. (estabelecer)

8. Nesta escola _____-se com interesse os romances contemporâneos. (ler)

9. _____-se muito as moças de Diamantina pela sua beleza. (elogiar)

10. Espero que se _____ as indústrias siderúrgicas. (privatizar)

✻ ✻

Não podemos neste pouco espaço de que dispomos apresentar todos os tipos de exercícios. Além dos exercícios apresentados, poderíamos sugerir outros do tipo:
- preencha as lacunas com as palavras da lista...
- forme frases com...
- corrija os textos...
- complete as frases com os complementos adequados...
- transcreva as frases efetuando a concordância...
- transcreva as frases fazendo as modificações necessárias...
- sublinhe as palavras e expressões que se referem a...
- construa sentenças com as seguintes palavras...
- substitua as palavras sublinhadas, fazendo as modificações necessárias, de acordo com o modelo...

• reescreva a frase (ou o texto) de acordo com...

Observem-se ainda os exercícios que são dados adiante. É importante que o Colega perceba que estamos propondo apenas EXERCÍCIOS FUNCIONAIS, isto é, exercícios relacionados com o uso efetivo da língua, e jamais EXERCÍCIOS TEÓRICOS, isto é, relacionados com a teoria gramatical, que não trazem nenhum proveito para o aluno.

Na letra *a* abaixo encontraremos modelos de exercícios teóricos, que são, como sabemos, dispensáveis em nossa proposta:

a) Modelos de exercícios teóricos

• Sublinhe com um traço as orações substantivas e com dois as adjetivas:

1. Isso não obsta a que nos digas a verdade.
2. Só aquele que tem experiência pode dizer que sabe.
3. Espera de teu filho o mesmo que fizeste a teu pai. (Tales de Mileto) Etc.

• Escreva nos parênteses os números correspondentes a:

(1) Oração sem sujeito
(2) Oração com sujeito

(   ) Há dois meses que não chove.
(   ) No Paraná faz muito frio e até nevou.
(   ) Muitas vezes nos queixamos sem razão. Etc.

• Identifique e classifique os pronomes das seguintes orações:

1. Dentro da casa em que nasceste és tudo.
2. As outras meninas lhe chamavam Iaiá.
3. Quem pode vangloriar-se de ser mortal?

Na letra *b* abaixo daremos exemplos de EXERCÍCIOS FUNCIONAIS. Em b_1, os exercícios são FUNCIONAIS DE TREINAMENTO, ou seja, têm como objetivo fazer com que o aluno se habitue com as estruturas e usos propostos. Em b_2, os exercícios são FUNCIONAIS DE VERIFICAÇÃO, que têm como objetivo verificar se o aluno adquiriu o hábito lingüístico proposto.

b) Exercícios funcionais

b_1) Exercícios funcionais de treinamento

- Reescreva as frases abaixo, encaixando a 2ª oração na 1ª, de acordo com o modelo:

Mandaram abrir um orifício na parede; através desse orifício podiam vigiar os presos. → Mandaram abrir um orifício na parede, através do qual podiam vigiar os presos.

1. O país construíra uma nova capital no planalto, e diante desta capital o mundo começava a pasmar.
2. Atravessamos o jardim e dirigimo-nos à piscina, e sentamo-nos à beira desta piscina.
3. À porta do rancho assomou um homem alto e robusto, e da cintura dele pendia um enorme facão.

- De acordo com o modelo, substitua o verbo existir por *haver*.

Existem pessoas que só pensam em ajudar o próximo. → Há pessoas que só pensam em ajudar o próximo.

1. No Brasil não existem nem terremotos nem vulcões.
2. No século passado, existiam muitas pessoas tuberculosas.
3. Existiram várias fábricas em minha terra.

Observe a diferença de emprego entre *o*, *a*, (*os*, *as*) e *lhe* (*lhes*):

Vi os meninos no jardim. → Vi-os no jardim.
Estimava os amigos. → Estimava-os.
Dei as informações ao mensageiro. → Dei-as ao mensageiro.

> Obedeceram ao mestre → Obedeceram-lhe.
>   ↓
>   a+o
>
> Pagou ao (a+o) empregado de acordo → Pagou-lhe de acordo com a lei.
> com a lei.
>
> Enviou a encomenda à (a+a) amiga. → Enviou-lhe a encomenda.

- Proceda da mesma forma, de acordo com os modelos apresentados:

1. Joaquim leu as revistas em poucos minutos.
2. Perdoaram ao culpado.
3. Falamos ao aluno.
4. Dei as informações ao mensageiro. Etc.

b_2) Exercícios funcionais de verificação

Após levar o aluno à prática de determinadas estruturas lingüísticas, convém averiguar se o discente adquiriu de fato o hábito proposto, o que poderá ser feito através dos exercícios funcionais de verificação. Observe-se que estes exercícios só podem ser aplicados depois que o aluno estiver bem treinado em um determinado item. Na verdade não há diferença de essência entre os dois tipos de exercícios funcionais; o que se propõe no segundo tipo é que o professor se preocupe em verificar se os alunos assimilaram e automatizaram as estruturas propostas. Depois de treinar bastante os alunos nos vários casos de concordância verbal, o PP poderá passar alguns exercícios como o proposto abaixo, em que se misturam os vários casos de concordância, para verificar se eles de fato adquiriram o hábito de praticar a concordância verbal:

- Complete as frases com os verbos indicados entre parênteses:

1. Para falar ao vento, _____ as palavras. (bastar – presente)
2. A maioria dos homens _____ antes dos 60 anos. (morrer – presente)

3. Naquele tempo _____ haver muitas rivalidades entre os cortesãos. (dever – passado)

Para caracterizar melhor o que se entende por *exercício funcional de verificação*, basta pensar em uma prova de final de ano (ou de final de curso), ou mesmo em uma prova de vestibular, em que não faz mais sentido "treinar" o aluno em um determinado torneio sintático, mas simplesmente "verificar" se o aluno domina o hábito lingüístico proposto.

Capítulo 9
Modelos de "lições de português"

Conforme anunciamos anteriormente, neste capítulo iremos apresentar duas lições de Português, com a finalidade de mostrar a integração dos ELP à Prática da Leitura (PL) e à Prática da Escrita (PE). A primeira lição, em um nível mais elementar, poderá se destinar aos alunos da 5ª série, e a parte dos ELP refere-se à questão da pontuação. A segunda lição, que poderá ser aplicada aos alunos da 7ª série, também tem como tema dos ELP o emprego dos sinais de pontuação, em um nível mais adiantado. As lições são aqui apresentadas tais quais devem constar do livro didático, não havendo, portanto, nenhuma consideração destinada ao professor. Conforme poderá verificar o caro Colega, a pontuação é ensinada com base na existência ou não da pausa e, algumas vezes, na significação dos elementos da frase. Não se faz nenhuma referência à função sintática das palavras na oração. Aliás, o ensino da pontuação com base na sintaxe constitui um despropósito e um estorvo para o seu aprendizado, porque os alunos do curso fundamental, via de regra, não conseguem aprender análise sintática.

1ª LIÇÃO

5ª SÉRIE

VIVA O CHOCOLATE
Agora dizem que ele vai fazer bem ao coração

É sempre assim. Chega a Páscoa, você consome chocolate em porções além do razoável, e, ao final da comilança, vem o remorso. Quer uma boa notícia para diminuir seu sentimento de culpa? Cientistas da Universidade da Califórnia, nos Estados Unidos, descobriram que o chocolate – pasmem! – faz bem à saúde. O estudo, apresentado recentemente na Associação Americana para o Avanço da Ciência, sugere que o consumo moderado de chocolate amargo pode evitar infartos. O segredo da iguaria estaria relacionado com uma substância de nome estranho: o flavonóide. Facilmente encontrada em frutas e vegetais, ela é capaz de combater os radicais livres que estão por trás do entupimento das artérias. Os flavonóides funcionam como potentes filtros sangüíneos: diminuem a formação de placas de gordura e transformam o colesterol ruim, conhecido como LDL, em substâncias que favorecem o bom funcionamento do coração.

Mas, antes de se empanturrar de ovos de Páscoa, saiba que nem todo chocolate é benéfico ao organismo. Apenas os do tipo meio amargo são ricos em flavonóides. O mesmo não vale para as barras de chocolate ao leite ou feitas de chocolate branco. Os estudos são taxativos. Os pesquisadores mediram o nível de flavonóides em pessoas que haviam ingerido barras das mais diversas qualidades. Apenas as que consumiram tabletes de chocolate meio amargo tiveram a presença da substância nos exames de sangue. Isso porque o chocolate meio amargo tem uma concentração de cacau bem maior que a de outros tipos de produto.

O Brasil ainda engatinha em relação ao consumo per capita de chocolate: cada habitante come cerca de 1,8 quilo por ano. Na Argentina, o consumo médio é de 3,6 quilos. Nos Estados Unidos é de 4,6 quilos. Por aqui, muita gente evita o doce por causa de seu alto poder calórico. E faz todo o sentido. Uma barra de 100 gramas tem 500 calorias, um quarto do que se deve ingerir durante todo o dia. "Ninguém permanece magro se tiver uma dieta baseada em chocolate", adverte o médico Protásio Lemos da Luz, diretor da Unidade Clínica de Arteriosclerose da Universidade de São Paulo. Por isso, não se exceda: o chocolate virou amigo do coração, mas continua inimigo da balança.

Karin Finkenzeller (*Veja*, Ed. Abril, ed. 1643,
ano 33, n. 3, p. 152, 5 abr. 2000.)

1.ª PARTE – PRÁTICA DA LEITURA

A) VOCABULÁRIO

- Observe as frases abaixo, extraídas do texto. Procure no dicionário o sentido das palavras e expressões destacadas e construa outra frase com cada uma das palavras e expressões:

1. ... ao final da comilança, vem o remorso.
   remorso: _____
2. Cientistas da Universidade da Califórnia (...) descobriram que o chocolate – pasmem! – faz bem à saúde.
   pasmar: _____
3. O estudo (...) sugere que o consumo moderado de chocolate amargo pode evitar infartos.
   consumo: _____
   moderado: _____
   infarto: _____
4. O segredo da iguaria estaria relacionado...
   iguaria: _____
5. ... ela [a substância] é capaz de combater os radicais livres que estão por trás do entupimento das artérias.
   radical livre: _____
   artéria: _____
6. Os flavonóides (...) transformam o colesterol ruim...
   colesterol: _____
7. ... nem todo chocolate é benéfico ao organismo.
   benéfico: _____
8. Os estudos são taxativos.
   taxativo: _____
9. Os pesquisadores mediram o nível de flavonóides em pessoas que haviam ingerido barras das mais diversas qualidades.
   ingerir: _____
10. ... o chocolate meio amargo tem uma concentração de cacau bem maior que a de outros tipos de produto.
    concentração: _____

11. O Brasil ainda engatinha em relação ao consumo per capita de chocolate...
    per capita: _____
12. ... muita gente evita o doce por causa de seu alto poder calórico.
    calórico: _____
13. "Ninguém permanece magro se tiver uma dieta baseada em chocolate", adverte o médico...
    dieta: _____
    advertir: _____
14. Por isso, não se exceda...
    exceder: _____

B) Prática Lingüística

I – Você consome chocolate em porções além do razoável.

- Em português existe *porção* e *poção*. Dê o sentido de *poção* e construa uma frase com essa palavra: _____

II – Verifique no dicionário qual é a forma considerada correta: infarto ou infarte, enfarto ou enfarte.

Uma pessoa que sofre um infarto é um _____.

III – Observe que *estranho* se escreve com s. Complete os espaços com s ou x e distribua as palavras abaixo em dois grupos, conforme o modelo:

e__terno, e__culpir, e__traordinário, e__periente, e__crúpulo, e__coar, e__plícito, e__pansivo, e__pedição, e__copo, e__plodir, e__corbuto, e__posição, e__pressão, e__comungar, e__clamar, e__crutínio, e__culhambar, e__drúxulo, e__tremo.

COM X	COM S
Externo	Esculpir

• Complete as frases abaixo com as palavras que você colocou no quadro:

1. Michelangelo, um famoso artista italiano, _____ uma obra-prima intitulada *Pietà*.
2. O sócio daquela empresa agiu sem nenhum _____. Aplicou o dinheiro onde não devia.
3. O Diretor foi _____ em suas determinações: ninguém poderá vir sem uniforme.
4. O professor de Matemática é muito _____. Brinca com todos os alunos.
5. A pesquisa em grupo tem o seguinte _____: determinar as causas da leptospirose.
6. O _____ é causado pela carência da vitamina C.
7. O herege foi _____ pela Igreja.
8. Os papas são escolhidos em _____ secretos.
9. O advogado, ao defender o seu réu, apresentou argumentos _____.
10. O delegado apelou para um recurso _____: mandou prender os suspeitos.

IV – Considere a frase do texto:

ela é capaz de combater os radicais livres que estão por *trás* do entupimento das artérias.

1. Observe as duas séries de palavras e expressões. Dê outros exemplos:

SÉRIE A ⇒ COM S	SÉRIE B ⇒ COM Z
trás, atrás, detrás	traz, trazemos
Em todas estas palavras e expressões há a idéia geral de <u>atrás</u> ou <u>trás</u>.	Em todos esses itens há a idéia geral de <u>trazer</u>.

2. Forme uma frase com cada um dos itens abaixo:

por detrás de: _____
trás: _____
traz: _____
trazido: _____

V – Os flavonóides funcionam como potentes filtros *sangüíneos*...

sangüíneo refere-se a *sangue*

• Complete a seqüência abaixo, conforme o modelo:

_____ refere-se a rosa.
_____   ”   ” leite.
_____   ”   ” ouro.
_____   ”   ” chumbo.
_____   ”   ” fogo.
_____   ”   ” éter.
_____   ”   ” prata.
_____   ”   ” linha reta.
_____   ”   ” linha curva.
_____   ”   ” mármore.
_____   ”   ” Hércules.

VI – Os flavonóides (...) transformam o colesterol *ruim*, conhecido como LDL...

Com relação à língua padrão, qual é a pronúncia correta da palavra destacada?

VII – Apenas os [   ] do tipo meio amargo são ricos em flavonóides.

1. Escreva, dentro dos colchetes, a palavra que está subentendida. Proceda da mesma forma com a frase abaixo:

... o chocolate meio amargo tem uma concentração de cacau bem maior que a [   ] de outros tipos de produto.

2. Escreva três frases, como no modelo:

As capitais estaduais são violentas. Mas a * de São Paulo supera todas as outras. [capital]

VIII – Apenas os do tipo *meio* amargo são ricos em flavonóides.

Observe o emprego de *meio* na frase.
Qual é o sentido dessa palavra? _____
Nesse sentido, a palavra *meio* não sofre modificações.

• Complete as frases abaixo com a palavra *meio*.

1. Janete sorriu e disse: – Não vou ao cinema hoje, porque estou _____ cansada.
2. A porta ficou _____ aberta.
3. A professora ficou _____ confusa.
4. Minha prima chegou _____ molhada da feira.
5. As duas tias ficaram _____ zangadas com a resposta.
6. Seria natural que os homens ficassem _____ desconfiados.
7. Notou-se que a aluna ficou _____ indecisa.
8. Esta laranja está _____ amarga.

Observe agora o sentido da palavra *meia* na frase:

Ele comeu *meia* laranja.

Neste caso, a palavra tem o sentido de *metade* e sofre modificações (meio/meia/meios/meias).

• Complete as frases com meio/meia/meios/meias:

1. O que ele disse foi apenas uma _____ verdade.
2. Neste mês, André só ganhará _____ mesada.
3. _____ palavras são piores que palavras inteiras.

4. Ela partiu ao meio-dia e _____ (hora).
5. Logo depois ouviram-se apupos e _____ silêncios.

IX – O Brasil ainda engatinha em relação ao consumo *per capita* de chocolate.

A expressão destacada tem o sentido de _____. Trata-se de um latinismo, isto é, uma expressão do latim que é usada em português.

- Dê o sentido dos latinismos que se seguem e faça uma frase com cada um deles:

1. in natura – _____

2. data venia – _____

3. ad hoc – _____

4. causa mortis – _____

5. ex cathedra – _____

6. grosso modo – _____

7. in loco – _____

8. in memoriam – _____

9. pro forma – _____

10. sui generis – _____

X – ... cada habitante come cerca de 1,8 quilo por ano.

Procure no dicionário a diferença de sentido entre *cerca de* e *acerca de*. Localize *cerca de* na palavra *cerca* e *acerca de* em *acerca*. Em seguida, forme uma frase com cada uma dessas expressões.

cerca de: _____
acerca de: _____

XI – ... muita gente evita o doce por causa de seu alto poder calórico.

• Complete, de acordo com o modelo:

Poder calórico (*calórico* vem de *caloria*)
Artes cênicas (*cênico* vem de *cena*)

_____	(_____ vem de Bíblia)
_____	(_____ ” ” estratégia)
_____	(_____ ” ” atleta)
_____	(_____ ” ” símbolo)
_____	(_____ ” ” consoante)
_____	(_____ ” ” vogal)
_____	(_____ ” ” mito)
_____	(_____ ” ” bálsamo)
_____	(_____ ” ” órgão)
_____	(_____ ” ” oceano)

XII – Observe que o autor usou palavras da linguagem coloquial, como *comilança, empanturrar* e *engatinhar*. O autor também usou palavras da linguagem erudita. Cite cinco delas.

XIII – Cientistas da Universidade da Califórnia (...) descobriram que o chocolate – pasmem! – faz bem à saúde.

Observe o emprego do verbo *pasmar*. Escreva cinco frases em que os verbos e as expressões que se seguem apareçam igualmente destacados: pensar bem – ouvir com atenção – acreditar – não duvidar – permitir o conselho.

XIV – Transcreva as passagens do texto em que o autor se dirige diretamente ao leitor (siga o modelo):

... *você* consome chocolate

C) COMPREENSÃO DO TEXTO

I – O primeiro parágrafo do texto pode ser resumido da seguinte maneira:
1º. parágrafo: o chocolate apresenta uma substância (flavonóide), que previne contra os infartos.
Proceda da mesma maneira, com relação ao 2º. e 3º. parágrafos:
2º. parágrafo: _____
3º. parágrafo: _____
Procure resumir em uma frase o sentido principal do texto:
_____

II – Coloque V (Verdadeiro), F (Falso) ou NP (Não-Pertinente), de acordo com a posição expressa pelo autor do texto:

( ) Todo tipo de chocolate é benéfico ao organismo.
( ) O brasileiro consome mais chocolate que o boliviano.
( ) As pessoas, de um modo geral, sentem remorso ao comerem muito chocolate.
( ) O chocolate virou amigo do coração, porque favorece o romantismo.
( ) O chocolate meio amargo faz bem ao coração, porque tem uma maior concentração de cacau.
( ) O chocolate apresenta uma substância chamada flavonóide, que contribui para o aumento do LDL no organismo.
( ) Os chocolates ao leite ou feitos de chocolate branco não são ricos em flavonóides.

III – Explique a última afirmativa do texto:

... o chocolate virou amigo do coração, mas continua inimigo da balança.

IV – Segundo a sua opinião, qual é a informação nova mais importante da reportagem? O que justifica o autor ter escrito uma reportagem como esta?

D) Expressão oral

A turma será dividida em alguns grupos, de acordo com o número de alunos, a critério do professor. Cada grupo procurará responder às seguintes perguntas:

I – Deve um jovem fazer dietas ou regimes para emagrecer e/ou manter a forma física?

II – Na sociedade em que vivemos, a aparência física influencia no julgamento que fazemos a respeito das pessoas? O que o grupo pensa disso?

2.ª PARTE – EXERCÍCIOS EM LÍNGUA PADRÃO

Sinais de pontuação

I – Desafio

A passagem abaixo foi extraída do texto desta lição. Foram retirados os sinais de pontuação. Tente fazer a pontuação adequada, sem consultar o texto original. Observe como fica confusa a leitura de um texto que não apresente os sinais de pontuação:
É sempre assim chega a Páscoa você consome chocolate em porções além do razoável e ao final da comilança vem o remorso quer uma boa notícia para diminuir seu sentimento de culpa cientistas da Universidade da Califórnia nos Estados Unidos descobriram que o chocolate pasmem faz bem à saúde

Os sinais de pontuação foram empregados treze vezes. Confira a sua cotação:

    0 a 3 acertos: ATENÇÃO!
    4 a 6 acertos: REGULAR
    7 a 9 acertos: BOM
  10 a 13 acertos: ÓTIMO

II – Observe o modelo:

Fernanda[,] Waldênia e Renaldo são alunos desta turma.

Leia a frase em voz alta, dando ênfase à vírgula. Em outras palavras, entre Fernanda e Waldênia existe uma pequena pausa, que corresponde a uma vírgula.

- Proceda da mesma forma com as frases que se seguem, ou seja, leia-as em voz alta e, quando houver uma pausa, coloque uma vírgula entre colchetes.

1. Nélia[,] Bárbara e Aparecida destacam-se como boas alunas.
2. Os professores os alunos e a comunidade deveriam se interessar pelo projeto.
3. Os livros infantis as revistas em quadrinhos e os almanaques podem ficar na estante da esquerda.

⟹ Observe: quando se usa *e*, não há necessidade de colocar vírgula.

4. Os estudantes os professores os funcionários e os pais se mobilizaram contra a nova medida do governo.
5. Todas as ruas avenidas praças e logradouros públicos deverão ser cadastrados.
6. Os alunos provenientes de outras escolas os professores recém-contratados e os funcionários não-concursados irão se reunir hoje à tarde.
↑
Aqui pode-se fazer uma pequena pausa, é verdade, mas não se coloca vírgula, porque *irão se reunir* se refere ao que foi dito antes, ou seja, está ligado ao que já foi dito.
Em outras palavras:
Do mesmo modo como não faz sentido colocar vírgula na frase abaixo,
Os professores , irão se reunir hoje à tarde.
também não faz sentido colocar vírgula na frase 6 acima, no lugar indicado pela seta.

7. Os livros de História os cadernos de Matemática e as pastas de Desenho estão reunidos no armário.
8. As crianças os idosos os deficientes físicos e as gestantes não precisam entrar na fila.
9. Os atletas compraram bolas camisas e raquetes.
10. Este autor escreve poemas contos e peças teatrais.
11. O Prefeito de Belo Horizonte quis se referir aos aposentados aos funcionários efetivos e aos concursados.
12. Meus vizinhos gostam de computador de televisão de videoquê e de sanduíche.
13. Os velocistas correm contra o vento contra os competidores e contra o poder econômico.
14. O artigo fez referência aos brancos aos índios e aos negros.
15. A sentença proferida pelo Juiz foi favorável aos proprietários aos inquilinos aos síndicos e aos visitantes.
16. Trata-se de uma casa grande moderna ventilada e segura.
17. Os contribuintes reincidentes faltosos e omissos serão chamados na segunda etapa.
18. Devemos agir com moderação justiça e grandeza de caráter.
19. Durante a segunda quinzena de junho haverá muitas festas juninas em meu bairro.
20. Com base no Código Nacional de Trânsito os motoristas foram autuados em flagrante.
21. Depois do prazo combinado a polícia arrombou a portaria.
22. Nas cidades ribeirinhas o único alimento que não falta é o peixe.
23. Com muito cuidado o turista colocou no lugar a peça desaparecida.

III – Nos itens que se seguem, você não precisa mais indicar as pausas com os colchetes, mas continue a ler as frases em voz alta e a colocar vírgula nas pausas:

1. Nas ilhas pertencentes ao Peru os pesquisadores americanos encontraram exemplares de um lagarto pouco conhecido.
2. A banda conseguiu durante os últimos trinta minutos do show um fato inédito: o silêncio total dos presentes.
3. Dom Pedro II Imperador do Brasil foi um monarca sábio.

4. Entre os livros de Machado de Assis famoso escritor brasileiro encontram-se *Memórias póstumas de Brás Cubas* e *Dom Casmurro*.
5. Nuvens escuras apareceram no céu sinal de tempestade iminente.
6. Mensageira da idéia a palavra é a mais bela expressão da alma humana.
7. A verdade meus alunos é que a mentira gera desconfiança.
8. Meu Deus por que me abandonastes?
9. Podemos afirmar senhores que o nosso esforço foi recompensado.
10. Os dias passam as estações se sucedem.
11. A palavra vale prata o silêncio vale ouro.
12. O braço constrói o espírito eterniza.
13. Os meninos pediram choraram imploraram até conseguirem o que queriam.
14. Mudamos de paixões mas não vivemos sem elas.
15. Elas trabalham de sol a sol porém recebem salários irrisórios.
16. O mar é generoso porém às vezes se torna cruel.
17. As crianças são assim mesmo: ora participam de tudo ora se retiram para o seu mundo.
18. Penso logo existo.
19. Os professores deste colégio são sábios por conseguinte merecem respeito.
20. Deus que é nosso pai nos salvará.
21. Ele tem amor às plantas que cultiva com carinho.
22. A mãe que era surda estava na sala com ela.
23. Como as máquinas estão ocupadas faremos o trabalho à mão.
24. O professor ficou satisfeito embora os resultados não fossem os esperados.
25. Só poderíamos falar em desenvolvimento se as taxas estivessem mais elevadas.
26. Convidaremos os vizinhos desde que todos venham.
27. A empresa fará suas compras no país a fim de prestigiar a indústria nacional.
28. Quanto mais as cidades crescem mais problemas vão surgindo.
29. Enquanto a formiga trabalhava a cigarra cantava.
30. Embora houvesse muita gente no estádio nada de grave aconteceu.
31. Não me impedirão de vir aqui hoje ainda que tentem.
32. Se tudo corresse bem eles chegariam antes do anoitecer.

33. À medida que o governo perdia força a oposição aumentava sua influência.
34. Construíram barreiras de pedra na entrada da cidade para que a torrente de lama não invadisse as ruas.
35. Apareceram estrelas no céu assim que o sol se pôs.

IV – Na passagem abaixo, extraída do texto, observam-se pausas fracas e pausas fortes.
As pausas fracas, como vimos, são representadas por vírgulas.
As pausas fortes são representadas por pontos.

É sempre assim[.] Chega a Páscoa, você consome chocolate em porções além do razoável, e, ao final da comilança, vem o remorso[.] Quer uma boa notícia para diminuir seu sentimento de culpa?

- Nas frases abaixo, sempre que houver uma pausa forte, coloque um ponto entre colchetes, como no modelo apresentado (não se esqueça de colocar letra maiúscula depois do ponto; não se esqueça também do ponto final):

1. A comunicação é o único exercício para o amor às vezes, é necessário repetir a mensagem
2. O Presidente chegou e desembarcou, mas não fez declarações limitou-se a cumprimentar os presentes
3. Os presentes recusaram-se a jantar, embora estivessem com fome todos estavam extremamente apreensivos
4. Estamos reformando a Biblioteca pedimos desculpas pelo transtorno
5. Os presentes deverão se dirigir ao balcão central, sem exceção espera-se a colaboração de todos
6. Não irei trabalhar hoje, por causa da minha operação na próxima semana, estarei de volta ao serviço
7. A correnteza arrastou carros, árvores, casas, etc a rua ficou irreconhecível
8. Toda criança precisa de carinho, de atenção, de educação não adianta os pais se preocuparem apenas com o bem-estar material
9. Consciente de sua responsabilidade, o advogado pediu tempo para estudar havia muitas dúvidas com relação ao processo a prudência mandava esperar mais um tempo

10. A empresa, premida pelas dificuldades, fechou as portas os funcionários ficaram sem receber durante as negociações houve um princípio de tumulto
11. O ministro, ainda doente, voltou a despachar em seu gabinete para não prejudicar os funcionários, o vice-ministro manteve contato com os grevistas, durante a madrugada no final, os problemas foram contornados
12. Minha mãe faz curso de teatro, ouve palestras, atualiza-se meu pai só se preocupa com o trabalho, em ganhar dinheiro já a minha irmã vive em outro mundo
13. O Brasil ainda engatinha em relação ao consumo per capita de chocolate: cada habitante come cerca de 1,8 quilo por ano na Argentina, o consumo médio é de 3,6 quilos nos Estados Unidos é de 4,6 quilos por aqui, muita gente evita o doce por causa de seu alto poder calórico e faz todo o sentido

V – Use a pontuação adequada no texto abaixo:

A Rede Globo aposta no voyeurismo sádico para fisgar o telespectador nas noites de Domingo No Limite que estréia neste dia 23 depois do Fantástico mostra doze pessoas comuns que dormem ao relento se alimentam nos padrões de uma dieta etíope e se expõem a picadas de animais peçonhentos a atração é claramente inspirada em Survivor (Sobrevivente) grande êxito nos Estados Unidos que vai ao ar pela Rede CBS cativou uma audiência de 23 milhões de telespectadores e virou capa da revista Time o programa americano começou com dezesseis pessoas sendo postas à prova numa ilha deserta até a semana passada restavam apenas oito são tantas as privações que uma parte delas na falta do que comer se viu obrigada a caçar ratos o vencedor ganhará 1 milhão de dólares [...].

(Veja, Ed. Abril, ed. 1659, ano 33, n. 3, p. 152, 26 jul. 2000.)

3ª PARTE – PRODUÇÃO DA ESCRITA

Com base nas discussões que foram feitas no item D da 1ª parte desta lição, responda em uma redação à seguinte pergunta:

Na sociedade em que vivemos, a aparência física influencia no julgamento que fazemos a respeito das pessoas?

2.ª LIÇÃO

7.ª SÉRIE

PROFETA DA NÃO-VIOLÊNCIA

Mohandas K. Gandhi (1869-1948) foi um homem que privilegiou a verdade e entregou-se a ela de forma absoluta. Sua vida, marcada pelos mais diversos perigos e desafios, é a de um líder religioso, político, espiritual, que soube ver o quanto as pessoas precisam da solidariedade e do amor e de uma moralidade justa e serena, sem radicalismos esterilizantes. Ele desejava, na maturidade, viver na certeza da santidade e rezava com a determinação e a humildade de um santo. Conheceu bem o cristianismo, mas sua opção residiu no hinduísmo, ou num ecumenismo bem pessoal, cuja postura era valorizar, entender, aceitar, assimilar as verdades das grandes religiões, no que elas tinham de importante em seus aspectos de revelação da Verdade.
(..)
Gandhi tornou-se advogado em 1891, depois da aprovação nos exames da Ordem dos Advogados da Inglaterra. Voltou à Índia. Depois foi a trabalho à África do Sul para defender os indianos imigrantes, fazendo de uma causa política (tão fraterna) seu estandarte de justiça. Lutou, pois, pelos direitos de seus conterrâneos e conseguiu unir política à religião: "Aqueles que dizem que a religião não tem nada a ver com a política não sabem o que é a religião." Pensava Gandhi que, em quaisquer circunstâncias, Deus cuida de nosso dia de amanhã, se fizermos a parte que nos cabe fazer... hoje.

Em 1915 voltou novamente à Índia. Em sua pátria, depois de tantas considerações políticas, optou por ajudar a nação a se libertar do jugo inglês. Fez-se líder de um povo convicto da libertação. Muitas vezes, por causa da violência de seu povo, teve que jejuar até o máximo da resistência, como forma de influência para estabelecer novamente a ordem. Passou o tempo e em 1947 veio a independência da Índia, a tão sonhada liberdade de um país que desejava governar-se. Mas o país se dividiu em dois – a Índia hindu e o Paquistão dos muçulmanos. Havia, agora, mais violência, disseminada e quase sem controle. Em 1948, após esses acontecimentos, Gandhi foi assassinado por um fanático nos jardins de sua casa. Tinha 79 anos e a última expressão de seus lábios foi: "Ó, Deus!"

Marco Antonio Souza (*Estado de Minas*, Belo Horizonte, 22 jul. 2000. Caderno Pensar, p. 1.)

1.ª PARTE – PRÁTICA DA LEITURA

A) VOCABULÁRIO

I – Dê o sentido das palavras destacadas. Construa uma frase com cada uma delas.

1. Mohandas K. Gandhi (1869-1948) foi um homem que privilegiou a verdade...
   privilegiar:_____
   _____

2. ... que soube ver o quanto as pessoas precisam da solidariedade e do amor e de uma moralidade justa e serena, sem radicalismos esterilizantes.
   moralidade: _____
   _____
   sereno: _____
   _____
   radicalismo: _____
   _____
   esterilizante: _____
   _____

3. Ele desejava, na maturidade, viver na certeza da santidade e rezava com a determinação e a humildade de um santo.
   maturidade: _____
   _____

determinação: _____

4. Conheceu bem o cristianismo, mas sua opção residiu no hinduísmo, ou num ecumenismo bem pessoal...
hinduísmo: _____

ecumenismo: _____

5. Havia, agora, mais violência, disseminada e quase sem controle.
disseminar: _____

II Linguagem figurada

Algumas palavras do texto são usadas em sentido figurado. Dê o sentido denotativo e o sentido conotativo de cada uma delas, como no modelo:

1. [Gandhi] conheceu bem o cristianismo, mas sua opção residiu no hinduísmo...
   Residir – sentido denotativo: morar, habitar
         sentido conotativo: estar, estar voltado para, estar vinculado a
2. ... fazendo de uma causa política (tão fraterna) seu estandarte de justiça.
   Estandarte – sentido denotativo: _____
         sentido conotativo: _____
3. Deus cuida de nosso dia de amanhã, se fizermos a parte que nos cabe fazer...
   Amanhã – sentido denotativo: _____
         sentido conotativo: _____
4. ... optou por ajudar a nação a se libertar do jugo inglês.
   Jugo – sentido denotativo: _____
         sentido conotativo: _____
5. ... Tinha 79 anos e a última expressão de seus lábios foi: "Ó, Deus!"
   Lábio – sentido denotativo: _____
         sentido conotativo: _____

B) Prática Lingüística

I – Mohandas K. Gandhi (1869-1948) foi um homem que privilegiou a verdade...

Observe a grafia da palavra *privilegiou*. *Privilegiar* e *privilégio* escrevem-se com *i* na primeira sílaba.

- Em cada uma das frases abaixo, há pelo menos uma palavra escrita erradamente. Faça a devida correção.

1. São inúmeros os poblemas infrentados pela população ribeirinha do Vale do São Francisco.
2. O primeiro lugar no festival realizado na estância de São Romualdo coube a uma canção entitulada *Amor meu*.
3. É preciso esclarecer aos candidatos que a anciedade tem atrapalhado bastante o desempenho dos participantes.
4. A imprensa está debitando a ascenção do time na Copa João Havelange à contratação de um novo técnico.
5. Por traz das manobras da CBF, existem muitos graúdos interessados na queda de seu presidente.
6. A conquista do Campeonato Mundial de Futebol trás ao país a ilusão de que tudo está bem.
7. Antes de tomar qualquer deliberação, é necessário que haja uma ampla discursão a respeito do assunto.
8. Há uma proposta no Congresso Nacional, segundo a qual o estrupo passa a ser um crime inafiançável.
9. O grande problema para o estudo das gramáticas das línguas naturais é que as excesões são mais gerais do que os casos comuns.
10. Do outro lado da cidade, o magestoso Rio Amazonas parece ter uma largura bem maior.
11. Os mercados distritais de Belo Horizonte apresentam uma variedade enorme de frutas: abacaxi, mixirica (ou tanjerina), laranja, uva, nectarina, pêcego, acerola, etc.
12. Trata-se de um cidadão gentil, educado, de nacionalidade suíssa, que está procurando emprego nesta cidade.
13. Os funcionários decidiram paralizar todas as atividades da empresa.

14. Em tempos de crise, há certos produtos que costumam ser consumidos pelas classes menos favorecidas: os ovos e a mortandela.
15. Todos os netos serão batisados na igreja, de acordo com a vontade da avó.

II – [Gandhi] rezava com a determinação e a humildade de um santo.

Humildade, humilde, humilhação, humilhante, etc. se escrevem com *h*.
Úmido, umidade, umidificar, etc. não se escrevem com *h*.

- Empregue o *h* inicial, quando necessário:

___oxigênio   ___erva   ___erdar   ___induísmo
___ombro   ___erbívoro   ___erança   estéril
___omoplata   ___erbicida   ___erguer   ___istérico
___omônimo   ___élice   ___érnia   ___olofote
___omossexual   ___ábil   ___inverno   ___ortênsia
___ombridade   ___óbito   ___ibernar   ___óstia
___êxito   ___álito   ___iena   ___esitar

- Dê o sentido das palavras que se seguem e faça uma frase com cada uma delas:

__omoplata: _____

__omônimo: _____

__erbívoro: _____

__óbito: _____

__érnia: _____

__ibernar: _____

__ombridade: _____

__óstia: _____

III – [Gandhi] optou por ajudar a nação a se libertar do jugo *inglês*...

Observe a grafia da palavra *inglês*. Escreve-se com -ÊS e está relacionada com INGLATERRA.

Português e portuguesa estão relacionados com PORTUGAL
_____ ”   ”   ” NORUEGA
_____ ”   ”   ” JAPÃO
_____ ”   ”   ” FRANÇA
_____ ”   ”   ” DINAMARCA
_____ ”   ”   ” IRLANDA
_____ ”   ”   ” POLÔNIA
_____ ”   ”   ” CHINA
_____ ”   ”   ” montanha
_____ ”   ”   ” campo
_____ ”   ”   ” burgo

Na linguagem contemporânea, formam-se muitas palavras com *-ês*, para designar a linguagem característica de uma região, de um grupo de pessoas ou de um ramo do conhecimento humano, como *economês, politiquês, portoalegrês, informatiquês, futebolês, lingüistiquês*, etc.

• Construa três frases em que apareçam vocábulos desse tipo, criados por você ou que você tenha visto ou ouvido em algum lugar.

Observe a diferença entre a grafia de *português/portuguesa* (-ÊS/-ESA) e a de *honradez* e *clareza* (-EZ/-EZA). *Honradez* e *clareza* vêm de *honrado* e de *claro* e referem-se à qualidade em si.

João é muito *honrado*. A sua *honradez* me encanta.
Seu texto está muito *claro*. Mas é essa *clareza* que me assusta.

• Complete as frases, de acordo com o modelo:

1. Não devemos exagerar com relação a alimentos ácidos. A _____ pode fazer mal ao estômago.

2. Esta fábrica trabalha com combustíveis fluidos.
   A _____ dos gases é essencial para o tipo de maquinário com que trabalhamos.
3. Devemos evitar as atitudes baixas. A _____ de caráter aniquila o homem.
4. Nos últimos tempos, meu irmão anda muito triste. Meus familiares não se conformam com a sua _____.
5. O presidente da Companhia possui um espírito altivo. É essa _____ que está impulsionando os seus negócios.
6. Todos naquela família possuem um grande coração e um caráter inabalável. Essa _____ de espírito advém do avô, um homem de fortes convicções.
7. Não devemos agir como se fôssemos pessoas pequenas. A _____ de espírito é um mal difícil de ser curado.
8. Devemos combater os corações frígidos. A _____ no amor só se cura com outro amor.
9. Deus nos livre de homens avaros. A _____ não tem cura.
10. Atravessamos quilômetros e quilômetros de terras áridas. A _____ do deserto impressionou a todos.

IV – ... mas sua opção residiu no hinduísmo, ou num ecumenismo bem pessoal, cuja postura era valorizar, entender, aceitar, assimilar as verdades...

Observe o emprego da palavra *cuja*. A frase equivale a:

... mas sua opção residiu no hinduísmo, ou num ecumenismo bem pessoal. A postura *do ecumenismo* era valorizar, entender...

• Empregue a palavra *cujo* e suas variações, como no modelo:

1. Não desperdicemos a vida. A duração da vida é tão breve.
   Não desperdicemos a vida, cuja duração é tão breve.
2. O professor ensinará a manejar as palavras. Os alunos ignoram o significado das palavras.
3. A instrução é um tesouro. A chave desse tesouro é o estudo.
4. Este é o meigo idioma pátrio; nos versos deste idioma canta a alma.

5. Afastou-se a tempo do caminho do vício; no termo desse caminho encontraria a desgraça.
6. O cavalheiro é advogado. Estivemos no escritório desse cavalheiro.
7. Comprei um terno. A cor do terno é maravilhosa.
8. Este é o novo professor de Matemática. Você não pode prescindir das aulas desse professor.
9. Tenho uma caneta. A pena da caneta é de ouro.
10. O meu amigo vai chegar hoje. Fiquei hospedado na casa dele.

- Complete as frases abaixo com *cujo/s*, *cuja/s*, fazendo as adaptações necessárias:

1. As equipes estrangeiras dirigem-se ao Rio de Janeiro, _____ estádio serão travadas pelejas esportivas.
2. Perto da fazenda há uma lagoa, _____ águas espelham um trecho da mata virgem.
3. Ruíra a hospitaleira árvore, _____ copa os tropeiros costumavam descansar.
4. Os papas, _____ augusta santidade se curvam grandes e pequenos, são os mestres infalíveis e os guias da humanidade.
5. Rio Branco, _____ inteligência e operosidade o Brasil deve parte de seu território, foi o nosso maior estadista.
6. Esta lei, _____ implantação sempre me bati, há de salvaguardar os direitos dos mais fracos.
7. Minha primeira professora, _____ ensinamentos ainda me lembro, era justa e bondosa.

C) Compreensão do texto

I – Apresente as idéias principais de cada um dos parágrafos do texto.
II – O autor afirma que Gandhi "soube ver o quanto as pessoas precisam da solidariedade e do amor e de *uma moralidade justa e serena, sem radicalismos esterilizantes*". Explique o que o autor quis dizer com essas palavras, principalmente com as expressões grifadas.
III – Explique em que consistia o ecumenismo de Gandhi.

IV – "... no que elas [as religiões] tinham de importante em seus aspectos de *revelação da Verdade*." Em que consiste a *revelação da Verdade* a que se refere o autor?

V – Em que consistia o trabalho de Gandhi na África do Sul?

VI – Por que Gandhi tinha o costume de jejuar?

VII – Depois da independência, a paz se instalou na Índia?

VIII – Pelo que você leu neste texto e com base em outras informações que você certamente já teve, quais são as características principais do ativismo de Gandhi?

D) EXPRESSÃO ORAL

- Volte ao texto, a esta frase atribuída a Gandhi: "Aqueles que dizem que a religião não tem nada a ver com a política não sabem o que é a religião."

Você concorda com essa afirmativa de Gandhi?

2ª PARTE – EXERCÍCIOS EM LÍNGUA PADRÃO

Sinais de pontuação

RECAPITULANDO:

Como sabemos, o emprego da vírgula e do ponto está relacionado com a questão da pausa. A vírgula é empregada para indicar uma pausa menor, e o ponto, para indicar uma pausa maior. Teste a sua capacidade de empregar esses sinais, pontuando devidamente este trecho, extraído do mesmo artigo que encabeça esta lição:

Em 1887 [Gandhi] tornou-se apto a entrar numa universidade de acordo com incentivos e oportunidades foi cursar direito na Inglaterra era vegetariano abstêmio de relações sexuais (infiéis) e do uso de bebidas alcoólicas achou muito estranha a Inglaterra as pessoas e os costumes andava por dia para manter a sua saúde e por gosto uns 20 quilômetros gostava de saber que Pitágoras e Jesus Cristo talvez fossem vegetarianos nos momentos críticos de vida usou o bom senso

A) Ponto-e-vírgula

O ponto-e-vírgula indica uma pausa maior do que a vírgula e menor que o ponto:

Os erros eram pequenos, escassos[;] poderiam, portanto, ser relevados.

Observe que, muitas vezes, no lugar do *ponto-e-vírgula* pode ser usada a *vírgula* ou o *ponto*. É uma questão de escolha do escritor:

Os erros eram pequenos, escassos. Poderiam, portanto, ser relevados.

- Nas frases que se seguem, use convenientemente o ponto-e-vírgula:

1. Ficamos atentos, esperando que ele viesse mas ninguém veio.
2. Ela agia correto ele, errado.
3. Os dias prósperos não vêm por acaso nascem de muita fadiga e persistência.
4. A celebridade é fonte de labuta e mágoas o anonimato é fonte de felicidade.
5. O gênio aprende da natureza o talento, dos livros.
6. A represa está poluída os peixes estão mortos.
7. O acidente aconteceu numa tarde de maio dezenas de pessoas morreram.
8. A Luz nasceu o eclipse, porém, não aconteceu.
9. Astrônomos já tentaram estabelecer contato com seres extraterrestres as tentativas foram infrutíferas.
10. Não há muito a comemorar com relação à educação na América Latina na verdade, os resultados são desanimadores.

B) Dois-pontos

Os dois-pontos servem para citar, anunciar, enumerar ou esclarecer alguma coisa:

Neste clube praticam-se[:] futebol, natação, basquetebol, futebol de salão, etc.

- Use os dois-pontos, quando necessário. Lembre-se de que o emprego desse sinal é muitas vezes facultativo (como no exemplo n. 1):

1. No Zoológico, vêem-se girafas, macacos, elefantes, gorilas, leões, panteras, etc.
2. Napoleão disse "Do alto desta pirâmide quarenta séculos vos contemplam."
3. Existem somente dois países sul-americanos que não são banhados por oceano o Paraguai e a Bolívia.
4. Só alimento uma ilusão na vida ter você.
5. Edgar não dá esmolas por ser caridoso quer ver seu nome nos jornais!
6. As palavras de origem grega, terminadas em *ma*, são masculinas o teorema, o drama, o anátema...
7. De vez em quando, vinha-nos um pressentimento o velho carpinteiro não estava morto, escondera-se de nós.
8. Compareceram todos seu Lucas, padre Abílio, mestre Caetano, etc.
9. Não falem alto aqui as crianças estão todas dormindo.
10. O *maître* recomendou "Sirvam gelado."

C) Reticências

Usam-se as reticências para denotar hesitação, interrupção de um pensamento ou para indicar que os elementos de uma enunciação continuam. As reticências podem denotar também malícia ou ironia.

- Use reticências nos itens abaixo, caso seja necessário:

1. São vários os elementos extralingüísticos que atrapalham a comunicação: a emoção, a inibição, a insegurança, o despreparo.
2. Eu quero que você que você se case comigo.
3. Teresa disse que Deixa pra lá: não interessa o que ela tenha dito
4. Eu acho que você ficou maluquinha por ele
5. — Você gosta dela ou
   — Gosto, com certeza.
6. Eu não a beijava porque porque eu tinha vergonha.
7. O beijo das mulheres sérias é frio: faz a gente espirrar; o das mulheres ardentes gasta-nos os lábios e o dinheiro.

8. Aqui jaz minha mulher. Agora ela repousa, e eu também
9. "Deus cuida de nosso dia de amanhã, se fizermos a parte que nos cabe fazer hoje." (Gandhi)
10. A sua vida se resumia em colecionar carros, imóveis, navios e mulheres!

D) Travessão

O travessão é usado para:

I – Introduzir na escrita a fala de um interlocutor:

Com ar de desprezo, o cronista afirmou:
– Este livro expõe todas as mazelas da sociedade.

II – Destacar frases ou palavras, tendo às vezes o mesmo papel da vírgula:

O Reino Unido compreende quatro países – Inglaterra, Escócia, País de Gales e Irlanda do Norte – e está separado do continente europeu pelo Canal da Mancha.

III – Ligar diretamente palavras ou grupo de palavras que formam uma cadeia na frase:

Vale a pena trafegar pela rodovia Belém–Brasília.

• Use convenientemente o travessão nas seguintes frases:

1. Na Holanda, os veículos movidos à gasolina vão sendo substituídos por outros transportes principalmente bicicletas em razão da carência de combustível.
2. Um célebre armador grego um dos homens mais ricos do mundo desdenhou o amor de uma grande cantora lírica.
3. Os manifestantes caminharam em direção à Prefeitura pacífica e ordeiramente a fim de fazer as suas reivindicações.
4. A ponte Rio Niterói é uma das maiores obras de concreto do Mundo.

5. Os ônibus coletivos malconservados e velhos ainda são a única alternativa para grande parte da população.
6. O futebol esporte criado pelos ingleses é um dos símbolos do Brasil.
7. A televisão um dos ícones da modernidade está completando 50 anos.
8. A Igreja Católica uma das mais poderosas instituições de todos os tempos está revendo algumas de suas posições.
9. A tartaruga marinha espécie ameaçada de extinção tem contado com a ajuda de vários biólogos e grupos de proteção à fauna e à flora.
10. As TV's abertas com seus programas desgastados e de baixa qualidade estão cada vez mais perdendo espaço para as TV's por assinatura.

E) EXERCÍCIOS DE REVISÃO

- Use a pontuação adequada nas frases e trechos que se seguem. Alguns sinais, de fácil emprego, como o ponto de interrogação e o de exclamação, não foram lembrados nesta lição, mas devem ser usados, se for necessário. Lembre-se também de que a pontuação, muitas vezes, admite interpretações diferentes.

1. O poeta é o homem que dá o rico é o homem que toma
2. A Filosofia como a Medicina tem muitas drogas poucos remédios e quase nada de específico
3. O cavalo sertanejo é esguio sóbrio pequeno rabo compridíssimo crinas grandes capaz de resistir a todas as privações a todos os serviços e a todos os esforços
4. Só conheço um homem realmente admirável César
5. O homem é ciumento quando ama a mulher também o é sem amar
6. Todo homem tem três caracteres o que ele exibe o que ele tem e o que ele pensa que tem
7. Se destruíssemos todas as árvores que é que aconteceria desapareceriam as aves que deleitam a vista e o ouvido do homem e destroem os insetos que nos fazem mal secar-se-iam as fontes e os rios que matam a sede aos animais as chuvas que fecundam a terra refrescam a atmosfera e fazem a planta brotar cessariam por sua vez
8. Quando estiveres zangado conta até dez se estiveres muito zangado xinga

9. Um célebre poeta polaco ao descrever as florestas encantadas de seu país imaginou que as aves e os animais ali nascidos quando sentiam aproximar-se a hora da morte voavam ou corriam e vinham todos morrer à sombra do bosque imenso onde tinham nascido
10. A existência de outros mundos habitados além do nosso é dos temas que mais têm estimulado a imaginação dos homens ultimamente alguns autores têm mesmo afirmado baseados em cálculos sérios que cerca de até um milhão de civilizações habitam nossa galáxia
11. Em 1915 (Gandhi) voltou novamente à Índia em sua pátria depois de tantas considerações políticas optou por ajudar a nação a se libertar do jugo inglês fez-se líder de um povo convicto da libertação muitas vezes por causa da violência de seu povo teve que jejuar até o máximo da resistência como forma de influência para estabelecer novamente a ordem
12. Um cientista moderno chegou à conclusão de que a vida na Terra existe por um triz pois se a Terra estivesse um pouquinho mais próxima do Sol teríamos tido em vez de um planeta capaz de entreter a vida outro completamente deserto como Vênus ou Marte
13. Na elaboração de um trabalho acadêmico usa-se o português padrão ou culto devendo o aluno tomar cuidado com todo tipo de erro desde os mais simples ortografia por exemplo até os mais complexos estruturação do período concordância etc entendemos por língua padrão aquela que é usada nos textos técnico-científicos e informativos e que está configurada nos livros artigos trabalhos documentos técnico-científicos etc.
14. Gandhi casou-se prematuramente tinha apenas 13 anos o ajuste de matrimônio era mais uma questão econômica entre famílias uma vantagem ou conveniência desde o casamento passou a valorizar obsessivamente a fidelidade estudou no decorrer de sua vida sânscrito persa latim inglês francês e foi um aluno aplicado desde o ginásio
15. Gandhi foi um homem dos mais universais acreditava que na História sempre triunfou a Verdade pois ele a procurou como seu principal e único objetivo e Deus para ele era absolutamente a Verdade e a Verdade absolutamente Deus em termos humanos e espirituais Gandhi faz companhia a João XXIII Madre Teresa de Calcutá Dom Hélder Câmara Maximiliano Kolbe e Edith Stein

3.ª PARTE – PRODUÇÃO DA ESCRITA

Na primeira parte desta lição foi perguntado se você concorda com esta afirmativa de Gandhi:

"Aqueles que dizem que a religião não tem nada a ver com a política não sabem o que é a religião."

Na sua opinião, as religiões devem, de algum modo, interferir nas eleições? De uma forma mais concreta: as autoridades eclesiásticas, os padres ou os pastores devem indicar, sugerir ou insinuar a preferência por algum partido ou candidato?

Nos Capítulos 8 e 9 desta obra, que acabamos de apresentar, pretendemos demonstrar que é perfeitamente possível levar o aluno a praticar – e, conseqüentemente, a aprender – a língua padrão, sem o estudo explícito da gramática. Esse estudo compreende, como sabemos, a definição e a classificação dos fenômenos lingüísticos, bem como o emprego da nomenclatura técnica.

Em *Gramática: nunca mais – exercícios*, que será publicada brevemente, apresentaremos 30 lições de português (nos moldes das que foram apresentadas aqui), em que serão praticados os mais diversos pontos necessários ao domínio da língua padrão, tais como: pontuação, acentuação gráfica, emprego de pronomes, conjugação verbal, etc.

Queremos demonstrar com as duas obras que é perfeitamente possível levar o aluno a dominar a língua padrão sem o estudo da gramática. O ponto principal da nossa proposta reside, portanto, no seguinte: além do exercício constante da leitura (PL) e da escrita (PE), é indispensável que o aluno domine os fundamentos básicos da língua padrão, quais sejam: concordância verbal, regência verbal, ortografia, gênero e número do nome, conjugação verbal, etc. Tudo isso poderá e deverá ser feito, porém, como procuramos demonstrar, sem o estudo da gramática.

Capítulo 10
A IMPORTÂNCIA DAS OUTRAS DISCIPLINAS PARA O ENSINO DO PORTUGUÊS PADRÃO

No Capítulo 1 defendemos o ponto de vista de que a capacidade de raciocinar é desenvolvida: a) pela escola como um todo, através de inúmeras atividades; b) pela imersão, por parte do aluno, nos conteúdos das diversas disciplinas – inclusive Português e Prática Literária.

Antes de terminar, não podemos deixar, porém, de destacar a importância que as outras disciplinas também têm para o ensino do Português padrão. Como vimos, os alunos têm contato constante com textos da norma culta nas aulas de Geografia, Matemática, História, etc. Além disso, os alunos são obrigados a redigir em língua padrão para se desincumbirem das tarefas dessas disciplinas. No entanto, parece que os PP não perceberam isso e não se servem dessa atividade para melhorar o desempenho lingüístico dos alunos. Compete ao PP – e não aos professores de outras disciplinas – a iniciativa de explorar essa possibilidade. Cumpre notar que essa é uma das recomendações sugeridas pelos PCN (MINISTÉRIO DA EDUCAÇÃO, 1997, p. 31): "… todas as disciplinas têm a responsabilidade de ensinar a utilizar os textos de que fazem uso, mas é a de Língua Portuguesa que deve tomar para si o papel de fazê-lo de modo mais sistemático."

Isso pode ser feito da seguinte maneira:

A) O PP entrará em contato com o professor de Geografia, por exemplo, e combinará com ele que, digamos, a questão de n. 4 da prova dessa disciplina será aberta. O conteúdo será corrigido pelo professor de Geografia e o desempenho lingüístico pelo PP. Essa atividade poderá ser estendida a trabalhos, provinhas, etc. e deverá contar, constantemente, com a colaboração dos professores das várias disciplinas. O melhor mesmo seria que todas as disciplinas formulassem pelo menos uma questão aberta em cada uma das provas, sendo que uma das provas seria escolhida para ser corrigida pelo PP, no que se refere ao desempenho lingüístico, é óbvio. O importante é que o aluno seja avisado de que ele deverá se preocupar sempre com a produção da sua escrita em qualquer disciplina, nas provas ou fora delas, uma vez que o seu desempenho lingüístico poderá ser checado a qualquer momento pelo PP, sem aviso prévio. Não sei se você já reparou, meu caro Colega, que nas redações muitas vezes o aluno "capricha no português", porque sabe que você irá corrigir o texto, mas em outras situações, como nas provas e nos cadernos de outras disciplinas, o aluno escreve de qualquer jeito. Se o Colega fizer constantemente a checagem do desempenho lingüístico em outras disciplinas, aí sim, teremos um treinamento constante em língua padrão. Esse expediente poderá também contribuir para que os outros professores não reclamem tanto do português dos alunos e, quem sabe, poderá fazer com que os outros professores zelem mais pelo emprego da língua padrão.

Reforcemos aqui o que foi dito no item 7.2, p. 93, quando cuidamos da prática da escrita de nossos alunos. É aconselhável que o PP, em colaboração com os professores de outras disciplinas, traga para a aula de Português textos produzidos pelos alunos nas aulas de Geografia, História, etc. e faça uma correção coletiva desses textos, com o auxílio de um retroprojetor ou de um episcópio. A produção escrita do aluno é projetada em uma tela e a correção é feita no quadro pelo professor, com a devida explicação. Lembremo-nos de que essa prática só deve ser efetivada com textos em língua padrão, uma vez que se deve considerar o domínio da norma culta como uma técnica que todo aluno deve adquirir. Tal prática não deve ser utilizada nas aulas de Prática Literária, em que se tem muito mais um trabalho pessoal de orientação do professor do que o domínio de uma técnica objetiva.

B) Assim como o professor de Prática Literária cuidará da leitura extraclasse com relação aos livros de literatura, propomos que os professores de outras disciplinas levem constantemente seus alunos a praticar a leitura extraclasse com livros relacionados com a História, a Geografia, as Ciências Biológicas, etc. Como esses livros – ou revistas, ou jornais, etc. – são escritos, via de regra, em português padrão, isso contribuirá enormemente para o domínio da língua culta por parte do aluno. E não se pense que esses livros e artigos sejam invariavelmente maçantes e cansativos! Pelo contrário. Os catálogos bibliográficos apresentam inúmeras obras paradidáticas interessantes sobre os mais variados assuntos. A correção dos trabalhos relacionados com a leitura dessas obras poderá também ser feita em parceria com o PP, cabendo ao professor de História, por exemplo, a parte do conteúdo e ao PP a correção do emprego da língua padrão.

É preciso considerar também que, como dissemos anteriormente, nenhum aluno é obrigado a gostar de literatura. Os jovens de hoje, em sua grande maioria, estão muito mais interessados em ler a respeito da clonagem de seres vivos e das novas conquistas da informática e das telecomunicações do que em ler poesia ou romance. Não estamos menosprezando a literatura, pois, como dissemos no princípio n. 11, "a convivência com os textos literários contribui para que o aluno adquira liberdade de expressão lingüística e uma 'visão do mundo'". O que estamos propondo é que, embora seja importante esse contato com a literatura, a grande maioria dos alunos hoje está muito mais "ligada" no desenvolvimento tecnológico e científico da humanidade do que na literatura. Portanto, que se leiam também, por sugestão dos professores de outras disciplinas, livros, revistas, artigos, enfim, publicações dos mais variados tipos sobre a História e a Geografia do Brasil, a realidade brasileira, a desigualdade entre as nações, o papel da democracia na sociedade contemporânea, etc. A escola não tem explorado devidamente esse veio e muitos PP pensam que "ler" significa obrigatoriamente "ler texto literário". Ora, essa é uma postura de grande parte dos PP que não encontra respaldo na realidade insofismável dos fatos. Sabemos que as pessoas mais prestigiadas de uma sociedade, tais como os advogados, juízes, médicos, engenheiros, professores, comerciantes, banqueiros, empresários, etc. não têm, necessariamente, o hábito de ler literatura, mas, sim, "o hábito de ler", quer se trate de livros relativos à especialidade de cada um desses profissionais, quer se trate de livros de cultura geral, como os de filosofia, história, comportamento humano, ciências da natureza, etc., quer se trate ainda de um tipo de leitura de capital importância no mundo moderno, a de jornais, revistas, periódicos, etc. Um rápido exame em seções do tipo "O que estou lendo" poderá ser feito em jornais e revistas brasileiros – como no *Jornal do Brasil* e na *Veja*, por exemplo – para nos levar à constatação de que a "leitura literária" é algo praticado por uma camada reduzida e específica da sociedade. Mas, como dissemos, não reside aí nenhum desmerecimento para esses cidadãos, porque o importante é ler – mas não, necessariamente, a escrita literária.

Um reflexo dessa atitude protecionista e corporativista dos PP, que confundem o "ato de ler" com o "ato de ler literariamente", pode ser comprovado pelo artigo de Malard (2000, p. 1), intitulado "Leituras maravilhosas", em que a professora afirma: "... para os que não adquiriram o costume de ler, nem tudo está perdido. Começando por textos em prosa curtos, simples, ou poemas descomplicados, poderão chegar à categoria de bons leitores". Quer dizer que para quem não está habituado a ler livros de literatura está tudo irremediavelmente perdido? E o que dizer dos matemáticos, físicos, químicos, engenheiros, lingüistas, banqueiros, ecologistas e teólogos que não lêem livros de literatura, mas estão sempre "aferrados" a outros tipos de leitura? Eles também estão irremediavelmente perdidos?

O que acabamos de expor nos leva a refletir sobre o seguinte: uma vez alfabetizada, a criança entra em contato constante, na escola, através das diversas disciplinas, com textos em língua padrão. Uma hipótese bastante provável é que uma criança poderá, ao final da 8.ª série, dominar o dialeto padrão, ou seja, poderá escrever um texto bem articulado em norma culta, mesmo que não tenha aulas de Português (depois de alfabetizada). Isso se dá porque uma criança de 8-9 anos, recém-alfabetizada, é um ser inteligente e poderá ser capaz de redigir uma ou duas páginas em português eficiente, pelo fato de, na escola e fora dela, entrar em contato diário com textos em língua padrão. Em outras palavras: depois de alfabetizada, uma criança poderia alçar vôo sozinha. Isso nos lembra a conhecida metáfora muito citada nos meios educacionais, segundo a qual o processo de aquisição da língua materna corresponderia a um foguete de dois estágios: na primeira fase, a criança precisaria realmente de ajuda externa, mas, na segunda fase – do mesmo modo como o foguete se moveria por conta própria – também a criança teria condições de se desenvolver sozinha. Poder-se-ia perguntar, então, qual seria o verdadeiro papel das aulas de Português, já que, conforme o sugerido, o aluno poderia dominar o dialeto padrão sem essas aulas de Português. Tudo indica, no entanto, que o papel do PP é, como dissemos anteriormente, o de GARANTIR, até o final da 8.ª série, o domínio da língua padrão, por intermédio de uma metodologia organizada, eficiente e sistematizada.

Quando afirmamos que é necessário GARANTIR ao aluno o domínio da língua padrão, estamos querendo dizer que isso significa "letrar" o aluno, ou seja, "orientar a criança para que aprenda a ler e a escrever levando-a a conviver com práticas reais de leitura e escrita: substituindo as tradicionais cartilhas por livros, por revistas, por jornais, enfim, pelo material de leitura que circula na escola e na sociedade" (SOARES, 2000, p. 1). Aliás, cumpre observar que o período pós-alfabetização – ou, mais especificamente, o período da 5.ª à 8.ª série – tem sido considerado por alguns especialistas como o "ciclo inútil" para o aprendizado do português, em que os professores se perdem entre o ensino inoperante da gramática, a simples exposição dos alunos aos textos dos mais diversos tipos, o estudo do dialeto que a criança traz de casa, o deslumbramento com as letras das músicas populares, a apreciação inocente da linguagem da propaganda, a adesão inconseqüente à teoria lingüística da moda, etc., etc., etc. Por mais estranho que pareça, alguns alunos terminam a 8.ª série, ainda assim, capazes de escrever um texto bem estruturado em português padrão. Isso se deve, sem dúvida, ao fato de que o jovem é em geral inteligente e que, apesar da ação nefasta ou inconseqüente de alguns PP, ele percebe a importância que é para a vida o fato de ler ou escrever uma ou duas páginas com lógica e coerência em português padrão. Evidentemente que o aluno irá pautar a sua escrita por textos aos quais ele tem acesso, como os de Geografia ou História, ou por textos de jornais, revistas, manuais de instrução, publicações variadas, comunicações, etc.

O ideal, portanto, não é que se diga que o aluno "poderá" dominar a norma culta no final do curso fundamental, mas que ele "deverá", obrigatoriamente, adquirir esse domínio, com o auxílio de uma metodologia adequada. Isso é possível através de um treinamento específico, nas aulas de Português, acrescido do contato permanente com textos em língua padrão em outras disciplinas.

Capítulo 11
O ensino de português no curso médio

Repitamos aqui a pergunta que foi feita no item 6.3, p. 83, e sua respectiva resposta, a propósito do ensino de Português no curso médio:

> ... se o aluno pode sair da oitava série em condições satisfatórias de ler e redigir textos em português padrão – afinal é esse o objetivo do curso fundamental – qual seria a real utilidade do estudo da gramática no curso médio? Parece-nos que nenhuma. No curso médio o aluno deve continuar praticando a produção da leitura e a produção da escrita, sempre com a orientação do professor de Português, mas deve voltar a sua atenção para o estudo exclusivo da literatura.

Na verdade, para sermos coerentes, estamos ratificando aqui o ponto de vista exposto no item 6.2, p. 66, segundo o qual o estudo da gramática é prejudicial ao aluno (inclusive no curso médio).

É preciso considerar que pelo ensino médio passa todo tipo de aluno, uns voltados para as ciências exatas, outros para as ciências biológicas, outros para as ciências da Terra, outros para as ciências humanas, outros para as artes, etc. Numa divisão destituída de rigor metodológico, somos de opinião de que o curso médio deve se preocupar com a mesma intensidade e com a mesma profundidade tanto com as disciplinas científicas – Matemática, Física, Química, Biologia – quanto com as disciplinas humanas ou sociais – Literatura, Filosofia, História e Geografia (além do ensino de língua estrangeira, é lógico). Isso porque, como dizíamos, se há muitos alunos interessados em Química Inorgânica, há também muitos alunos interessados em Literatura ou em Filosofia.

Sugerimos que o ensino de Literatura no curso médio apresente, dentre outros, os seguintes conteúdos e atividades:

❑ Teoria Literária (e.g. relações entre cultura e arte, os tipos de arte, conceito de literatura, linguagem figurada, gêneros literários, estilos de época, etc.);
❑ Estudo de textos literários (análise microestilística de textos representativos das literaturas de Língua Portuguesa);
❑ Visão geral dos grandes autores clássicos (Literatura Grega, Latina, Inglesa, Espanhola, Italiana, etc.) É claro que estamos sugerindo que se façam referências bem gerais a essas literaturas, mas, sempre que possível, com o contato direto com alguns textos representativos. Pense-se, por exemplo, na falta que faz a leitura de alguns sonetos de Shakespeare para um futuro professor de Literatura Brasileira, para um psicanalista, um jornalista, um cineasta, um teatrólogo, etc.;
❑ Literatura Portuguesa (com a leitura de suas obras mais representativas);
❑ Literatura Brasileira (com a leitura de suas obras mais representativas).

Não vamos tecer comentários sobre cada um dos itens apresentados, pois iríamos fugir dos nossos objetivos. Gostaríamos porém de observar o seguinte: para o indivíduo voltado para as ciências humanas faz muita falta uma visão geral dos grandes clássicos, desde Homero, passando por Ovídio, Vergílio e Horácio, por Dante Alighieri, Shakespeare e Cervantes, até chegar aos principais autores da Literatura Portuguesa e Brasileira, como Camões, Eça de Queiroz, Fernando Pessoa, Machado de Assis, Euclides da Cunha, Carlos Drummond de Andrade, Guimarães Rosa, etc. Cremos que para a cultura humanística de um profissional do Direito, da Sociologia, da Antropologia, da Psicanálise, da Comunicação, da História, das Artes, sem falar, é claro, no profissional das Letras, é de fundamental importância o estudo dos clássicos, razão por que defendemos que no ensino médio seja dada uma espécie de Literatura Comparada ou uma visão geral desses autores, além dos itens sugeridos acima. Lembremos, a propósito, estas palavras de Possenti (1997, p. 20): "No final do segundo grau, [os alunos] deveriam conhecer a literatura contemporânea e os principais clássicos da língua. Seria bom que conhecessem também, nesse nível de formação escolar, pelo menos alguns dos principais clássicos da literatura universal, pelo menos nas edições condensadas."

O caro Colega, professor de Português, poderá, a esta altura de nossas considerações, alegar que estamos entrando em contradição com o que foi dito no Capítulo 5, quando dissemos que "poesia não se aprende na escola" e que não faz sentido obrigar o aluno a gostar de literatura. Cremos que se trata de duas posturas diferentes. No curso fundamental, estávamos nos referindo à Prática Literária, em que o aluno seria levado a escrever literariamente, podendo sair-se bem nessa atividade ou não. No curso médio, estamos nos referindo ao conhecimento objetivo da Literatura (não à sua prática), conhecimento esse indispensável à formação cultural do indivíduo, seja qual for a profissão que ele mais tarde vá abraçar. A Literatura é hoje um sucedâneo da Filosofia, nos bancos escolares. De fato, é com base nas obras literárias que são discutidas as grandes questões relacionadas com o Homem: a origem da vida, o destino do ser humano, o amor, o ódio, a existência de Deus, as guerras, o sofrimento, etc. Como afirma Harold Bloom (2000, p. 11), em recente entrevista à revista *Veja*, "a sabedoria, que é o tipo mais precioso de conhecimento, essa só pode ser encontrada nos grandes autores de literatura".

Voltando à questão anterior, de que o aprendizado da gramática não é necessário ao aluno do curso médio, gostaríamos de fazer a seguinte pergunta: conseguirá o funcionário público, o comerciante, o bancário, o advogado, o jornalista, o médico, enfim, conseguirá o indivíduo sobreviver neste mundo altamente competitivo sem o aprendizado da gramática? Esta pergunta faz sentido, porque, de acordo com o Projeto GNM, o médico, o engenheiro, o advogado, o técnico em informática, o enfermeiro, enfim o não-especialista em Letras não precisa estudar gramática.

Numa resposta curta e simples diremos que sim, que o indivíduo pode sobreviver sem aprender gramática. Aliás, é isso o que de fato se observa: são pouquíssimas as pessoas que sabem gramática hoje em dia. Por outro lado, a vida se tornará bem mais difícil, ou mesmo impossível, para o indivíduo que não domine a chamada língua padrão. Pode um advogado, um jornalista, um professor sobreviver sem dominar a norma culta? É evidente que não. Como dissemos anteriormente, o domínio da norma culta não tem nada a ver com o conhecimento da gramática.

É claro que o PP do ensino médio continuará sempre atento ao desempenho lingüístico do aluno. Isso poderá ser feito por meio das mais diversas atividades: redações, trabalhos orais e escritos, estudos de texto, etc. O PP deverá repassar, sempre que houver necessidade, alguns pontos que não tenham sido bem assimilados no ensino fundamental, tais como: concordância verbal, regência verbal, colocação de pronomes, etc. Tudo isso se fará, é evidente, de acordo com o ponto de vista que vimos adotando: é necessário dominar a língua padrão, mas isso poderá e deverá ser feito sem o estudo da gramática.

Capítulo 12
O ENSINO DE PORTUGUÊS NO CURSO SUPERIOR

Dissemos no item 6.3, p. 83, que a gramática deve ser estudada no curso superior, ou seja, no Curso de Letras (e apenas nesse Curso Superior). Nos itens seguintes, vamos justificar o nosso ponto de vista. Antes, gostaríamos de tecer algumas considerações a respeito da necessidade que vêem alguns professores e algumas pessoas de estender o ensino de Português desde a 1.ª série do nível fundamental, passando pelo nível médio, pela graduação, até, quem sabe, a pós-graduação. Considerando o curso fundamental, o curso médio e o curso superior, só aí já são 15 ou 16 anos. Será que são necessários 15 anos para se aprender português?

Estamos sugerindo aqui que os PP garantam o aprendizado da língua culta aos seus alunos até o final da 8.ª série. Esta tarefa nos parece perfeitamente factível, desde que sejam empregados os métodos adequados e desde que o PP se compenetre de três idéias básicas que estamos defendendo:

a) O estudo da gramática é prejudicial ao ensino de português.
b) É necessário separar o ensino do português padrão da prática da língua literária.
c) É preciso garantir ao aluno o domínio do português padrão ao final da 8.ª série.

O ensino do português padrão, como temos insistido, consiste em três tarefas principais:

a) O contato constante, consciente e estimulante do aluno com os textos em língua padrão, a fim de que ele internalize e sedimente os modelos estruturais da norma culta.

b) O treinamento específico das construções caracterizadoras da norma culta, a fim de que o aluno automatize essas construções.
c) A prática constante, efetiva e dirigida da escrita em língua padrão, que habituará o aluno a usar com desembaraço essa modalidade de língua.

Quanto a escrever bem, quer se trate de linguagem literária, jornalística, ensaística ou congêneres, reafirmamos aqui a nossa concordância com o ponto de vista do *Manual de estilo* da Editora Abril (1990, p. 9): "... depende da experiência, da autodisciplina e – principalmente – do talento de cada um".

Esta questão que estamos analisando, de que há pessoas que têm verdadeira mania de estudar português a vida toda, ou de acharem que se deve estudar português a vida toda (não estamos nos referindo ao especialista no assunto, PP ou lingüista), está relacionada com as afirmativas generalizadas das pessoas de que "não sabem português" ou de que "o português é muito difícil". A respeito dessas afirmativas, é preciso esclarecer bem as coisas. É possível apresentar três interpretações para a questão.

Em primeiro lugar, as pessoas podem estar querendo dizer que "não sabem português", porque estão considerando que saber português é saber escrever corretamente, ou seja, é dominar a língua padrão, é saber redigir um ofício, um relatório, uma carta comercial, etc. Se as pessoas interpretam assim a frase proposta, cremos ser essa a única interpretação correta, porque, de fato, é necessário um treinamento especial e uma prática constante para se dominar o português padrão. Mesmo assim não se justifica o fato de as pessoas dizerem que não sabem português. Elas poderão dizer, no mínimo, que não sabem redigir relatórios, que não sabem escrever um ofício, ou, em outras palavras, que não dominam uma modalidade do português padrão escrito.

Em segundo lugar, se as pessoas acham que "não sabem português", porque consideram que saber português é saber gramática, parece residir aí um grande equívoco. De acordo com o princípio n. 15, saber português, seja qual for a modalidade (padrão ou coloquial, por exemplo) e saber gramática são atividades, práticas ou "saberes" diferentes. O fato de se saber português não quer dizer que se saiba gramática e vice-versa. Essa afirmativa nos lembra um velho professor de nossa Faculdade, que vivia estudando a gramática russa, mas era incapaz de se comunicar nessa língua.

Finalmente é preciso considerar que tal afirmativa é destituída de fundamento, se as pessoas afirmam que "não sabem português", porque não sabem falar "corretamente", isto é, de acordo com as regras da gramática tradicional. Ora, é sabido que as pessoas falam de maneira adequada e eficiente no meio em que vivem. Sendo assim, não faz sentido dizerem que não sabem português, se são capazes de ficar horas e horas conversando com os amigos, por exemplo. O que pode acontecer é que certas pessoas, menos escolarizadas, empreguem o português falado não-culto, mas isso não quer dizer que não saibam português, porque essa maneira de falar é também "português", e tão legítima como as outras. Um reflexo dessa concepção distorcida e preconceituosa da realidade lingüística pode ser encontrada mesmo em publicações de nível elevado, como é o caso da revista *Você* (2000), que exibiu na capa de um de seus suplementos: "Você sabe mesmo falar português?" No interior do suplemento encontra-se a resposta, com algumas "dicas" para se usar o português padrão escrito. Mas, pela pergunta da capa, percebe-se o equívoco: para a revista, o indivíduo que não segue as regras da gramática tradicional, "não sabe falar português". Ora, isso é uma distorção da realidade lingüística e deixa transparecer um preconceito contra a linguagem falada, que não segue as regras da gramática tradicional. Como sabemos, há milhões de brasileiros que não seguem as regras dessa gramática. Também as pessoas escolarizadas, que têm curso superior, ao usarem a língua falada em casa ou em companhia de amigos, não usam a linguagem rígida da gramática tradicional. Se essas pessoas "não sabem falar português", como deixa claro a revista, em que língua elas se expressam? De acordo com o conteúdo da reportagem a pergunta mais sensata, estampada na capa, deveria ser: "Você sabe mesmo usar o português padrão escrito nas ocasiões em que ele se faz necessário, ou seja, na língua escrita formal?"

A única maneira segura que nós, PP, temos para verificar se um aluno domina a norma culta escrita é através do exame de uma ou duas páginas redigidas por esse aluno em português padrão. Isso, aliás, não é nenhuma novidade. Há muitos colégios e universidades que estão exigindo nos exames de seleção e nas provas de vestibular apenas interpretação de texto e redação, o que se pode considerar um grande avanço em nossa disciplina. Considerando que o Método GNM prevê que o aluno termine a 8.ª série sabendo escrever uma ou duas páginas de acordo com a norma culta, não faz sentido estender o treinamento em língua padrão ao curso médio e superior. Se o aluno não conseguir escrever adequadamente uma ou duas páginas ao final da 8.ª série, ele não mais conseguirá esse objetivo, a não ser que faça um esforço especial e pessoal para isso. O mesmo se diga, guardando as devidas proporções, com relação ao aprendizado das noções básicas em Matemática. Se o aluno não aprender essas noções até a 8.ª série, ele sempre apresentará deficiência com relação a essas noções, a menos que faça um esforço pessoal e especial para isso. O melhor mesmo é garantir que o aluno aprenda a língua padrão e as noções básicas de Matemática até o final da 8.ª série.

Como dissemos anteriormente, no curso médio, o PP, ou, mais especificamente, o professor de Literatura continuará a se preocupar com a escrita do aluno, através de um acompanhamento constante, mas sem a obrigação de passar para ele os exercícios de treinamento, a não ser em casos especiais, quando se fizer realmente necessário. É preciso considerar que a volta aos ELP no nível médio seria algo profundamente desgastante e cansativo. Pense-se, por exemplo, como seria decepcionante para um aluno, se o professor de Matemática voltasse a ensinar as operações fundamentais no curso médio. Por que aceitamos passivamente que noções elementares de redação possam ser dadas no nível médio, mas consideramos que seria um absurdo falar-se no ensino das operações fundamentais nesse mesmo nível? Parece-nos que a resposta mais coerente para isso é que nós, PP, não nos compenetramos ainda da obrigação que temos de "garantir" ao aluno, ao final do ensino fundamental, o domínio da língua padrão. Se o que acabamos de dizer se refere ao curso médio, o que não se dirá com relação ao curso superior?

É aceitável que em um curso superior de Administração ou de Direito, por exemplo, haja aulas de Português destinadas especificamente à redação técnica relacionada com essas disciplinas. O que nos parece descabido em um curso superior é a realização das seguintes práticas:

1.º – ensino de rudimentos de Português, como acentuação gráfica, ortografia, concordância, regência, estruturação do período e do texto, etc. (tal prática seria o reconhecimento da falência do ensino de Português na escola, uma vez que essa prática tem que ser exercitada no curso fundamental e médio);

2º. – estudo da modalidade de língua que o aluno já fala (qual seria o objetivo desse estudo em um curso superior de Engenharia, por exemplo?);

3º. – análise ou apreciação de obras literárias (essa prática não faz sentido em um curso superior de Agronomia ou de Enfermagem, por exemplo; a essa altura da vida, o interesse por obras literárias é muito mais uma questão pessoal do que institucionalizada);

4º. – o ensino da Lingüística científica, como uma prática destinada a fugir da "mesmice", que é a aprendizagem da língua padrão ou de aumentar a cultura do indivíduo. O estudo da Lingüística em um curso superior que não o de Letras (a não ser em alguns casos especiais, como, por exemplo, em Fonoaudiologia – com o estudo da Fonética – ou em Antropologia) é mais danoso ainda para o aluno, pois, por um lado, o estudo da Lingüística não trará qualquer proveito para ele e, por outro, o aluno terá deixado de exercer a técnica que realmente lhe interessa: a prática da língua padrão para escrever monografias, relatórios, laudos, ofícios, cartas, etc.

Com relação ao primeiro item exposto acima – em que achamos descabido o ensino de rudimentos de Português no curso superior – é preciso considerar que, devido à confusão reinante na cabeça dos professores (e dos alunos) e ao estágio de transição em que nos encontramos, há muitos alunos que estão hoje no curso médio e superior, mas que apresentam graves deficiências na escrita formal. Os PP precisam, portanto, recuperar o tempo perdido desses alunos. Isso poderá ser feito com as práticas apresentadas neste livro, até que possamos, futuramente, levar o aluno a dominar a língua padrão ao final da 8ª. série. Reconhecemos que essa proposta, que está ligada diretamente à expulsão definitiva da gramática dos bancos escolares, embora factível, demandará um bom tempo para se tornar realidade, tendo em vista principalmente a epígrafe que inicia as páginas deste livro: "difícil não é arranjar idéias novas, mas fugir das antigas" (KEYNES).

Um curso superior de Letras tem como finalidade básica a formação de professores e, complementarmente, a de despertar o interesse pela pesquisa, que será desenvolvida nos cursos de pós-graduação. Parece-nos, portanto, que o desenvolvimento das pesquisas deverá ser a finalidade precípua dos cursos de pós-graduação.

A graduação em Letras deve se preocupar, dentre outros, com os seguintes aspectos, no que se refere à formação lingüística de um professor de Português:
  a) Estudo da estrutura interna da língua portuguesa.
  b) Reflexões a respeito de posturas, crenças e atitudes a respeito das línguas de um modo geral e, de um modo especial, da língua portuguesa.
  c) Discussões a respeito dos conteúdos a serem ministrados no ensino de Português no curso fundamental e médio.
Nas seções seguintes, discutiremos cada um desses aspectos.

12.1 ESTUDO DA ESTRUTURA INTERNA DA LÍNGUA PORTUGUESA

O estudo da estrutura interna da língua portuguesa deverá ser feito através das mais diversas obras, como artigos, teses, livros, gramáticas tradicionais, gramáticas descritivas, etc. Como se vê, a gramática tradicional "também" deverá ser objeto de estudo em curso superior. Isso se explica, em primeiro lugar, porque, em nossa proposta, a gramática tradicional não terá sido discutida antes, no curso fundamental e médio; em segundo lugar, porque, apesar de conter inúmeros problemas, ela apresenta algumas soluções interessantes. Veja-se, por exemplo, o caso das classes de palavras: apesar de muito questionada, a divisão básica entre substantivo, adjetivo, verbo e advérbio permanece, mesmo nos estudos mais avançados de Lingüística.

Defendemos o ponto de vista de que a gramática explícita – quer se trate da gramática tradicional, quer se trate de novas propostas – deve ser estudada no curso superior de Letras (e só nesse curso) por dois motivos, que passamos a expor.

Em primeiro lugar, porque o PP precisa estudar o mecanismo, a estrutura, a organização interna da língua, para poder entender as relações mais profundas, as nuances, as variações, enfim, para conhecer a língua como objeto de estudo e não apenas como meio de comunicação e de expressão. É mais ou menos como o médico que precisa ter conhecimentos de anatomia e fisiologia humanas, sem que seja necessário passar esses conhecimentos aos pacientes. O professor também precisará desses conhecimentos gramaticais como subsídios para, por exemplo, poder formular, organizar e sistematizar os ELP (cf. Capítulo 8, p. 113), bem como para entender certas especificidades da língua portuguesa. Além disso, o PP não pode ser um simples "papagaio", no sentido de que ele não pode simplesmente repetir o que está nos livros didáticos. Ele precisa participar de debates, ou pelo menos ler trabalhos, por exemplo, a respeito do emprego da voz passiva sintética, em que se discute se na língua escrita contemporânea seguem-se ou não os padrões tradicionais em que se observa a concordância do verbo com o sujeito da passiva pronominal (como frase que acabamos de formular: "... **seguem**-se ou não os padrões tradicionais...").

Em segundo lugar, a gramática, ou seja, o estudo da estrutura interna da língua, deve ser feito no curso superior, porque não podemos nos esquecer de que há muitos profissionais que se dedicam à Lingüística, ou seja, ao estudo científico da linguagem humana. É no curso superior de Letras que se deve fazer a preparação para a pós-graduação em estudos lingüísticos, de onde surgem os pesquisadores nessa área do conhecimento humano.

12.2 POSTURAS, CRENÇAS E ATITUDES

Todo PP deve ter conhecimentos generalizados e tanto quanto possível profundos relacionados com verdades, posturas, crenças e atitudes a respeito das línguas em geral – e obviamente da língua portuguesa –, emanados dos compêndios de Lingüística Geral e que servirão como uma bússola para o professor não se perder nesse emaranhado de problemas que é o ensino de Português. É importante, portanto, que o aluno de uma faculdade de Letras se situe com relação a certos posicionamentos que hoje constituem um pecúlio comum às várias correntes da Lingüística contemporânea, tais como:
- Não existem línguas mais adiantadas do que outras.
- Sob o ponto de vista exclusivamente lingüístico, todas as línguas naturais são igualmente eficientes.
- Não existe modalidade de linguagem melhor ou pior em um mesmo idioma. A língua culta falada no Congresso Nacional não é melhor, sob o ponto de vista lingüístico, do que a falada na Favela da Rocinha e vice-versa.

- A língua é um fenômeno oral e como tal deve ser interpretada.
- Signo lingüístico é constituído de significante e significado.
- As gramáticas não são pré-existentes às línguas: elas são elaboradas a partir das línguas.
- A língua é constituída por um conjunto de sinais arbitrários e convencionais.
- A língua escrita possui características que a distinguem da língua oral, por mais que se queira fazer a aproximação entre as duas.
- As línguas se modificam com o passar dos tempos. O que é considerado errado hoje pode ser considerado correto amanhã (com relação à norma culta, por exemplo).
- É possível fazer o estudo de uma língua sob o ponto de vista exclusivamente sincrônico.
- A língua portuguesa do Brasil e de Portugal constituem uma mesma língua.
- A língua não é um todo indiviso, um bloco monolítico; além das diversas modalidades de linguagem, adaptadas às diversas circunstâncias, é preciso considerar também os dialetos regionais e sociais.
- Sob o ponto de vista estritamente lingüístico, a língua padrão é uma variante como qualquer outra; sob o ponto de vista social, a língua padrão é a língua de prestígio, porque é usada pelas camadas mais escolarizadas da sociedade.

As considerações que vimos fazendo até aqui levam-nos a tocar em um problema que tem causado muitas discussões nos meios lingüísticos: trata-se de saber até que ponto a Lingüística tem o poder de exercer influência sobre o ensino de Português. Como vimos no parágrafo anterior, é importante que essa influência se dê no campo das posturas amplas, "filosóficas", mais relacionadas com posicionamentos gerais perante os problemas da linguagem do que, propriamente, com a aplicação de teorias lingüísticas. O que de fato tem acontecido entre nós é que, não obstante os avanços consideráveis dos estudos lingüísticos nas últimas décadas, na realidade insofismável das quatro paredes da sala de aula, a teoria gramatical oferecida aos alunos continua a mesma de 30 ou 40 anos atrás. É culpa dos PP que não estudam Lingüística? Ou dos autores de livros didáticos que desconhecem as mais recentes teorias lingüísticas? Ou das autoridades da educação que não providenciam para que sejam elaborados programas que estejam de acordo com a nova realidade? Não, absolutamente não! Esse divórcio inevitável entre as constantes conquistas da Lingüística teórica e o tipo de gramática que tem sido ministrado em sala de aula vem comprovar o ponto de vista que vimos adotando, de que a teoria gramatical desenvolvida pela Lingüística não tem interesse para o ensino de Português. Isso se explica pela inocuidade do ensino de teoria gramatical na escola, que é muito mais uma tradição milenar do que uma exigência advinda de necessidades metodológicas ou científicas reais.

Já faz anos que as teorias lingüísticas e a gramática da sala de aula se encontram distantes. A questão, portanto, não está em substituir a teoria gramatical vigente por uma outra mais elaborada ou moderna. A solução é suprimir a teoria gramatical da sala de aula, como afirma Dillinger (1995, p. 37):

> É muito importante frisar que a substituição da gramática tradicional por uma outra gramática NÃO ALTERA O MÉTODO, apenas altera os termos da descrição. Seja qual for a gramática adotada, ensina-se o aluno a descrever a língua, a fazer análise morfológica e a fazer análise sintática. Enfim, sustentar que ensinar a lingüística do Português é um método melhor que ensinar a gramática tradicional é pura falácia, pois o método é idêntico; muda-se apenas a terminologia. Esta é mais uma razão para acreditar que não adianta querer "consertar" a gramática. Como veremos a seguir, é a própria idéia do ensino gramatical que não é viável.

Essa posição já tinha sido defendida por Luft (1993, p. 96), quando responde a uma pergunta por ele mesmo formulada:

> Dá para salvar nosso deficiente ensino de língua materna simplesmente substituindo a teorização gramatical tradicional por uma teorização moderna, lingüística?
> Lamento muito se decepciono os deslumbrados da Lingüística, mas a minha resposta é negativa. Nenhum ensino em crise pode ser salvo pela simples troca de uma teoria por outra, ainda que esta, como a Lingüística, seja do mais alto nível científico. Porque não é esse o problema. O problema não é teorizar melhor.

Igualmente interessantes são estas palavras de Franchi (1987, p. 8): "...as mediações entre uma boa teoria lingüística e a prática pedagógica já são tão difíceis de estabelecer (porque são atividades de propósitos radicalmente diferentes)!" Um reflexo desse distanciamento entre a teoria lingüística e a prática pedagógica pode ser constatado pelo fato de que os grandes lingüistas e/ou gramáticos brasileiros não são, via de regra, autores de livros didáticos, do mesmo modo como os grandes autores de livros didáticos não são lingüistas e/ou gramáticos. Que sirva de ilustração ao que acabamos de dizer a excelente série didática *Português através de textos* – que "fez a cabeça" de muito professor de Português deste País, inclusive do autor destas linhas – escrita por Magda Becker Soares, professora da Faculdade de Educação da UFMG, mas que não é considerada (e cremos também que não se considera) uma lingüista ou uma gramática.

Por fim, lembremo-nos desta sábia afirmativa de Labov (apud SILVA, 1995, p. 24): "... o lingüista é essencialmente um analista, não um educador". Tal postura nos faz lembrar a distinção que se faz necessária entre o historiador e o professor de História: o primeiro é um estudioso, um cientista, preocupado com a ciência histórica em si. O segundo é um professor, um educador, preocupado primordialmente com o aluno.

As pesquisas lingüísticas podem colaborar muito, e de fato têm colaborado, nas questões relativas à prática da leitura e à prática da escrita. Aqui, sim, a Lingüística tem apresentado inúmeros trabalhos que vêm contribuindo de maneira substancial para a compreensão e a melhoria da questão da leitura e da escrita de nossos alunos. Como esse é um problema que escapa aos objetivos aqui propostos, não vamos discuti-lo. Mas o leitor poderá encontrar nas bibliotecas e nas livrarias uma bibliografia bastante significativa sobre esse assunto.

De qualquer forma – como vimos repetindo neste estudo – o PP não pode confundir o uso da língua (quer se trate da linguagem coloquial, instintiva, natural, que a criança traz do berço e da família, quer se trate da língua formal ou da língua com finalidades expressivas) com o fato de tomarmos a língua como objeto de estudo, uma atividade que só interessa aos PP, aos gramáticos e aos lingüistas. O poema de Carlos Drummond de Andrade, cujos últimos versos reproduzimos abaixo, parece refletir bem esse estranhamento que os falantes comuns têm com relação às atividades metalingüísticas, que só interessam aos especialistas:

....
Da lingüística frástica e transfrástica
Do signo cinésio, do signo icônico e do signo gestual
Da clitização pronominal obrigatória
Da glossemática
Libera nos Domine

Da estrutura exo-semântica da linguagem musical
Da totalidade sincrética do emissor
Da lingüística gerativo transformacional
Do movimento transformacionalista
Libera nos Domine

Das aparições de Chomsky, de Mehler, de Perchonock
De Saussure, Cassirer, Troubetzkoy, Althusser
De Zolkiewsky, Jakobson, Barthes, Derrida, Todorov
De Greimas, Fodor, Chao, Lacan *et caterva*
Libera nos, Domine

(ANDRADE, 1992, p. 863)

12.3 CONTEÚDOS DOS CURSOS FUNDAMENTAL E MÉDIO

Uma proposta antiga, que existe entre professores e alunos dos diversos cursos de Letras do País, diz respeito à necessidade de a graduação ficar mais voltada para os conteúdos relacionados com o ensino na escola fundamental e média, ao passo que a pós-graduação ficaria mais preocupada com as pesquisas e estudos aprofundados de teorias lingüísticas e literárias. O que se vê em muitas faculdades de Letras é o descompromisso ou mesmo a total alienação de certos professores com relação ao ensino nos cursos fundamental e médio. A primeira preocupação da graduação em Letras deve ser, portanto, com os conteúdos ministrados na escola. Lembremo-nos de que os graduados em Letras são, em sua grande maioria, licenciados, ou seja, eles recebem licença das autoridades competentes e dos cursos de Letras para ministrar aulas. Pode-se dizer que os professores das faculdades de Letras são – em grande parte – os culpados pelo ensino deficiente de Português que existe no País. Usemos o seguinte raciocínio: caso o exercício da Medicina fosse falho ou a prática da Engenharia fosse deficiente, diríamos, evidentemente, que a culpa estaria no ensino da Medicina e da Engenharia. É o que se dá com o ensino de Português. Compete aos professores das faculdades de Letras modificar o estado atual das coisas.

Defendemos, portanto, a idéia de que os cursos de Letras devem se dedicar basicamente aos conteúdos ministrados no ensino fundamental e médio.

Em decorrência do que acabamos de dizer, conclui-se que uma discussão que deve estar constantemente presente nos bancos escolares dos cursos de Letras é a questão da norma culta, quer se trate da sua definição, quer se trate do seu ensino na escola fundamental e média, ou ainda com relação ao seu emprego nas mais variadas situações em que ela se faz necessária. Como vimos, e com base na posição de diversos autores (LUFT, BECHARA, POSSENTI, TRAVAGLIA) "o objetivo da escola é ensinar o português padrão". Se o objetivo da escola é esse, por que essa questão é tão mal-estudada nas faculdades de Letras? Por que há tão pouca bibliografia sobre esse assunto nos meios universitários? É preciso compreender que aqui não estamos nos referindo ao emprego efetivo pelo aluno do dialeto padrão nos seus trabalhos e nas avaliações escritas, uma prática que nos parece óbvia. Referimo-nos principalmente à ausência de discussões a respeito do que estamos tentando fazer neste livro: o estabelecimento de critérios para a fixação do conceito de norma culta e as discussões em torno do seu emprego na escola de nível fundamental e médio.

Podemos apontar três causas que explicam a omissão dos cursos de Letras com relação a esse assunto:

A) A liberação geral dos costumes por que passou a sociedade contemporânea a partir dos anos sessenta (já nos referimos a esse assunto no item 6.1, p. 63). – Alguns teóricos da comunicação, lingüistas e PP não avaliaram devidamente a questão e julgaram que a liberação geral dos costumes corresponderia a um indiscriminado "vale tudo" no uso da linguagem. Basta lembrar, mais uma vez, o célebre bordão chacriniano: "Quem não comunica se trumbica." Apesar de várias modalidades de linguagem terem passado por um saudável sopro de libertação, como a própria linguagem falada, a jornalística, a publicitária e a literária, a língua padrão continuou, em linhas gerais, a mesma, pelo menos no que se refere à sua característica estrutural mais profunda, que é a sintaxe.

B) A confusão generalizada que os PP do Curso de Letras e as pessoas em geral fazem a respeito de língua literária e língua padrão. – Muitos PP de curso superior ainda não perceberam que a grande maioria dos jovens que ingressam no mercado de trabalho, bem como das pessoas de um modo geral, têm contato quase que exclusivo com a língua padrão. De fato, no dia-a-dia dos trabalhadores brasileiros, quer se trate de jovens iniciantes, quer se trate de altos especialistas, como médicos, engenheiros, juízes de direito, etc. o que importa é o uso constante da língua padrão, por meio de avisos, cartas, ofícios, relatórios, pareceres, petições, acórdãos, manuais de instrução, artigos e livros técnicos, leitura de jornais, revistas, etc. Nunca é demais lembrar que a escola não tem como objetivo formar escritores, mas usuários da língua. A língua literária, quer como produção, quer como leitura, é algo extremamente esporádico na vida pós-escola das pessoas, cuja prática não depende dos bancos escolares. Observe-se que, mesmo hoje em dia, pessoas que julgamos esclarecidas não fazem distinção entre o ensino da língua padrão e a liberdade que existe na prática da língua literária. Isso nos lembra o caso de um PP que foi chamado a dar aula em um curso superior de Administração, com a finalidade de fazer com que os profissionais dessa área escrevessem melhor seus relatórios, pareceres, artigos técnicos, etc. O PP, com a finalidade de sair da mesmice e de quebrar a rotina, optou por adotar como modelos de linguagem as letras de música de Vinicius de Moraes, as poesias de Manuel Bandeira, a prosa de Guimarães Rosa, etc. Cremos que esses escritores não ficariam muito satisfeitos se soubessem que suas produções literárias estão sendo utilizadas como modelo de língua padrão.

C) Uma visão equivocada que alguns professores de Lingüística têm a respeito do seu objeto de estudo, a língua. Não há dúvida de que, sob o ponto de vista exclusivamente científico, não há língua melhor ou pior, mais funcional ou menos funcional, mais adiantada ou menos adiantada do que outra. No entanto, a sociedade civilizada e letrada em que vivemos elege uma modalidade de língua como sendo a de maior prestígio, que é a empregada pelas pessoas mais escolarizadas de uma comunidade. Essa postura da sociedade pode ser compreendida com a constatação do fato de que cidadãos das diversas classes e categorias sociais almejam ter acesso à língua das pessoas mais escolarizadas de uma comunidade. Ora, o contrário não acontece: as pessoas em geral não almejam ter acesso à língua dos usuários menos escolarizados de uma sociedade. O que se constata é que parece haver um certo preconceito de alguns lingüistas com relação à norma culta: negam-se a discutir sobre ela – seus fundamentos, seus critérios, seu uso e até a sua existência –, embora, é evidente, a usem em seus trabalhos acadêmicos. Em decorrência desse fato, constata-se hoje, no Brasil, a existência daquilo que Bagno (2000b, p. 76) chamou de *comandos paragramaticais*, que o autor define como "todo esse arsenal de livros, manuais de redação de empresas jornalísticas, programas de rádio e de televisão, colunas de jornal e de revista, CD-ROMs, 'consultórios gramaticais' por telefone e por aí a fora". E conclui o autor:

O que os *comandos paragramaticais* poderiam representar de utilidade para quem tem dúvidas na hora de falar ou de escrever acaba se perdendo por trás da espessa neblina de preconceito que envolve essas manifestações da (multi)mídia. Assim, tudo o que elas fazem de concreto é perpetuar as velhas noções de que "brasileiro não sabe português" e de que "português é muito difícil".

Ora, essa situação é, até certo ponto, compreensível. Como os lingüistas se negam a discutir a questão da norma culta, por considerar que essa é uma atividade menos nobre e que, portanto, não deve ser objeto de estudo em um curso superior, o problema fica entregue a arrivistas menos qualificados, que, sem critérios racionais e métodos adequados, acabam por empurrar a questão da norma culta para o gueto do preconceito lingüístico. Não somos contra a existência dos comandos paragramaticais, desde que sejam conduzidos por profissionais esclarecidos, competentes e, principalmente, despreconceituosos. Dizemos isso porque a Medicina, a Economia e a Psicologia, por exemplo, mantêm, na mídia falada e escrita, esses consultórios alternativos, que podem prestar serviços à comunidade, desde que sejam oferecidos por profissionais competentes.

Em consonância com o que estamos discutindo – a necessidade de que o ensino nos cursos de Letras esteja voltado para os conteúdos ministrados nas escolas de nível fundamental e médio – conclui-se que não faz sentido o estudo do latim como disciplina obrigatória do Curso de Letras. Esse ranço de medievalismo está ligado à concepção errônea de que, para ser um bom professor de Português, é necessário saber latim. Ledo engano! Trata-se de uma tradição secular, que não resiste a argumentos alicerçados na lógica e no raciocínio. A primeira prova disso é que, hoje em dia, a quase totalidade dos PP do ensino fundamental, médio e superior deste país não sabe latim. Observe-se bem o que ficou dito: mesmo professores de Língua Portuguesa e de Lingüística, com mestrado, doutorado e pós-doutorado, não sabem latim hoje em dia. Nem por isso deixamos de encontrar excelentes professores de Português e de Lingüística nos três níveis de ensino. Não há, portanto, nenhum demérito ou desdoiro para esses professores, mas apenas a constatação dessa falácia, de que para saber português é necessário saber latim. Trata-se, portanto, como dissemos, de uma concepção passadista do ensino da língua materna, que encontra um amplo respaldo na gramática historicista do século XIX, apesar de termos presenciado, no século passado, várias correntes de investigação científica que pautaram e continuam pautando suas teorias por eixos assumidamente sincrônicos, como o estruturalismo, o gerativismo e o funcionalismo. Parece haver aqui também uma confusão entre o fato inegável de sermos todos nós seguidores, estudiosos e admiradores incontestes da cultura greco-latina – com a sua história, filosofia, literatura e artes plásticas, por exemplo – e o fato de estudarmos latim. Em resumo: admiramos a cultura clássica, não há dúvida, mas conhecer as línguas que veiculam essas culturas, ou seja, o grego e o latim, é uma tarefa para especialistas, que não tem nada a ver com o conhecimento do português.

Finalmente, para terminar este capítulo, é preciso dizer que não faz sentido permanecer a distinção, como ainda se faz em inúmeras faculdades de Letras do País, entre as disciplinas Língua Portuguesa e Lingüística, o que equivale dizer, entre professores de Língua Portuguesa e professores de Lingüística. Na verdade, ambos trabalham com o mesmo objeto de estudo, com as mesmas preocupações e com a mesma bibliografia. Para ser um bom professor de Língua Portuguesa no curso superior, o docente hoje em dia precisa conhecer Lingüística profundamente, e para ser um bom professor de Lingüística, ele precisa conhecer a estrutura da Língua Portuguesa. Cumpre, aliás, dizer que a imensa maioria dos trabalhos de Lingüística em nosso País tem como base o português. Algumas faculdades de Letras do Brasil, mais evoluídas, já não adotam a distinção entre professores de Língua Portuguesa e professores de Lingüística. Deveríamos ter simplesmente professores de Estudos Lingüísticos, alguns mais voltados para a Lingüística Teórica e outros para a Lingüística Aplicada.

Conclusão

O Método GNM pretende ser simples, objetivo e funcional, conforme propusemos na Introdução. Ele pode ser resumido da seguinte maneira:

No ensino fundamental, as aulas de Português serão divididas em duas partes: aulas de Prática Literária e aulas de Português (propriamente dito).

Nas aulas de Prática Literária, o professor se preocupará apenas com o lado criativo da linguagem do aluno. Os textos a serem lidos e interpretados estarão comprometidos com a língua literária, artística, expressiva, emotiva, etc. É o que chamamos de "língua libertária". Serão excertos de textos do tipo: romance, crônica, poesia, letras de música, linguagem da propaganda, incluindo aí textos produzidos pelos próprios alunos. Conseqüentemente, nas aulas de Prática Literária, a produção da escrita estará voltada também para a linguagem expressiva ou emotiva. O professor incentivará a criatividade do aluno, orientando-o na produção de redações livres, de poesias, de crônicas, etc. Nas aulas de Prática Literária não deve existir o "indefectível lápis vermelho do professor de Português", com a tarefa de "podar" e corrigir o texto do aluno. O papel do professor será o de orientar e incentivar o aluno com relação ao uso da linguagem artística.

Nas aulas de Português, o objetivo é garantir ao aluno o domínio da língua padrão ao final da 8ª série. Para alcançar esse objetivo, o aluno não precisa aprender gramática explícita. O professor de Português só se preocupará com textos em norma culta (língua dos jornais, revistas, livros e artigos técnicos e científicos, correspondência oficial e comercial, manuais de instrução, etc.). Da mesma forma, o aluno só produzirá textos em língua padrão. Isso não é, porém, suficiente para que o aluno domine de fato, com segurança, o registro culto. O Método GNM propõe também que o domínio da norma padrão seja adquirido através dos ELP (exercícios em língua padrão), conforme procuramos demonstrar.

Para terminar, apresentamos em seguida o que se pode considerar como um "perfil" do PP do curso fundamental. Como ficou claro desde o início, estamos nos referindo ao "professor de Português" (PP) e não, ao professor de Prática Literária. O perfil do professor de Prática Literária ficará para um próximo estudo.

Segundo o método proposto, um PP acredita nos seguintes princípios:

a) Ele é ao mesmo tempo um educador e um professor de Português.
b) O aluno deverá, ao final da 8.ª série, dominar a língua padrão.
c) A preocupação do PP está voltada basicamente para a produção da escrita em língua padrão.
d) O modelo da língua padrão é constituído de textos jornalísticos e técnico-científicos.
e) O ensino de Português deve ser feito de maneira eficiente, organizada e sistemática.
f) Saber português e saber gramática são duas atividades distintas. O PP deve se preocupar em ensinar português padrão aos alunos e não, gramática.
g) O estudo da gramática é prejudicial ao aluno.
h) O PP deve ensinar português padrão ao aluno sem o auxílio da gramática.
i) O aprendizado em língua padrão deve ser feito através da Prática da Leitura (PL), dos ELP (Exercícios em Língua Padrão) e da Prática da Escrita (PE).
j) Com relação à língua padrão, o PP deve assumir a postura de que o "erro de português" existe de fato. Isso não acontece com relação às aulas de Prática Literária.
l) No aprendizado da língua padrão é fundamental a participação de outras disciplinas.
m) No curso médio deve-se ter como objeto de estudo a Literatura e a Teoria Literária, embora o PP deva continuar se preocupando com a redação do aluno.

n) Só se deve estudar a gramática de uma língua no curso superior de Letras.
o) Para ser um bom professor de Português não é necessário estudar latim.
p) No Curso de Letras, Lingüística e Língua Portuguesa devem fundir-se em uma única disciplina.
q) Os cursos de licenciatura em Letras devem se preocupar, basicamente, com os conteúdos ministrados nas escolas de nível fundamental e médio.

Esperamos que as idéias apresentadas tenham servido de fundamentação aos objetivos expostos na Introdução, quais sejam:

a) É preciso garantir ao aluno a liberdade de criação literária.
b) É preciso garantir ao aluno o domínio da língua padrão.

Retornando ao título deste livro, *Gramática: nunca mais*, propomos, em síntese, pelos motivos expostos, que:
A) Os estudos gramaticais sejam banidos das escolas de nível fundamental e médio, não só por serem desnecessários ao aprendizado do Português, como também por prejudicarem o estudo autêntico e funcional dessa disciplina.
B) As gramáticas tradicionais, tais como são apresentadas hoje, não sejam mais publicadas, por representarem um desserviço e uma inutilidade com relação ao ensino de Português. Em seu lugar, deveria haver livros de consulta – como de fato há – escritos em linguagem não-técnica, com a finalidade de tirar dúvidas de alunos relativas ao emprego de certas palavras, construções de frases, uso da crase, femininos, plurais e coletivos mais importantes, etc.
C) Os estudos lingüísticos desenvolvidos pelos cursos superiores de Letras se encarreguem de descrever, analisar e sistematizar as diversas modalidades da língua portuguesa, inclusive da língua culta. Esses estudos lingüísticos (ou gramaticais) poderão ter repercussões na postura e na filosofia do ensino de Português.
D) A preocupação básica do PP seja com o "letramento" do aluno. "Letrar" significa, como vimos, inserir, sob o ponto de vista lin-

güístico, o indivíduo na sociedade em que vive. Se insistimos no ensino da língua padrão, é porque acreditamos, com Soares (2000, p. 2), que "devem ser priorizados, para as atividades de leitura, os gêneros que mais freqüentemente ou mais necessariamente são lidos, nas práticas sociais, e, para as atividades de produção de texto, os gêneros mais freqüentes ou mais necessários nas práticas sociais de escrita".

Referências bibliográficas

ALVES, Rubem. *Conversas com quem gosta de ensinar*. São Paulo: Cortez, 1987.

ANDRADE, Carlos Drummond de. *Drummond de Andrade*: poesia e prosa. Rio de Janeiro: Nova Aguilar, 1992.

AZEREDO, José Carlos de. Entre léxico e gramática: a questão da auxiliaridade verbal. In: VALENTE, André (Org.). *Língua, lingüística e literatura*. Rio de Janeiro: EdUERJ, 1998, pp. 163-71.

BAGNO, Marcos. *A língua de Eulália*: novela sociolingüística. 6. ed. São Paulo: Contexto, 2000a.

_____. *Preconceito lingüístico*: o que é, como se faz. 3. ed. São Paulo: Loyola, 2000b.

_____. *Dramática da língua portuguesa*: tradição gramatical, mídia & exclusão social. São Paulo: Loyola, 2000c.

_____ (Org.). *Lingüística da norma*. São Paulo: Loyola, 2002.

BANDEIRA, Manuel. *Estrela da vida inteira*: poesias reunidas. Rio de Janeiro: José Olympio, 1966.

BAPTISTA, Maria Elizabeth Motta Zanetti. *Gramática*. São Paulo: Cortez, 1980.

BARBOSA, Osmar. *Como adquirir um poderoso vocabulário*. 8. ed. Rio de Janeiro: Ediouro, 1979.

BARTHES, Roland. *O prazer do texto*. São Paulo: Perspectiva, 1973.

BATISTA, Antônio Augusto Gomes. *Aula de português*: discurso e saberes escolares. São Paulo: Martins Fontes, 1997.

BECHARA, Evanildo. *Moderna gramática portuguesa*. 19. ed. São Paulo: Nacional, 1972.

_____. *Ensino da gramática. Opressão? Liberdade?* São Paulo: Ática, 1985 (Coleção Princípios).

BLOOM, Harold. Leio, logo existo. *Veja*, São Paulo, Ed. Abril, n. 31, pp. 11-5, jan. 2001. Entrevista a Flávio Moura.

BRITTO, Luiz Percival Leme. *A sombra do caos*: ensino de língua x tradição gramatical. São Paulo: Mercado de Letras, 1997 (Coleção Leituras no Brasil).

CAGLIARI, Luiz Carlos. *Alfabetização & lingüística*. São Paulo: Scipione, 1995 (Série Pensamento e Ação no Magistério).

CAMPOS, Geir. *Pequeno dicionário de arte poética*. São Paulo: Cultrix, 1978.

CARRAVETTA, Luiza Maria. *Métodos e técnicas no ensino do português*. São Paulo: Mercado Aberto, 1991.

CASTILHO, Ataliba Teixeira de. *A língua falada no ensino de português*. São Paulo: Contexto, 1998.

CEGALLA, Domingos Paschoal. *Novíssima gramática da língua portuguesa*. 20. ed. São Paulo: Nacional, 1979.

_____. *Dicionário de dificuldades da língua portuguesa*. Rio de Janeiro: Nova Fronteira, 1996.

CHOMSKY, Noam. *Aspects of the Theory of Syntax*. Cambridge: The MIT Press, 1965.

COSERIU, Eugenio. Sistema, norma e fala. In: *Teoria da linguagem e lingüística geral*. Rio de Janeiro: Presença/USP, 1979.

COUTO, Hildo Honório do. *O que é português brasileiro*. 8. ed. São Paulo: Brasiliense, 1994 (Coleção Primeiros Passos, 164).

CUNHA, Celso. *Língua portuguesa e realidade brasileira*. 7. ed. atual. Rio de Janeiro: Tempo Brasileiro, 1977.

_____. *A questão da norma culta brasileira*. Rio de Janeiro: Tempo Brasileiro, 1985.

_____; CINTRA, Luís F. Lindley. *Nova gramática do português contemporâneo*. Rio de Janeiro: Nova Fronteira, 1985.

DARWIN, Charles. *Autobiografia*: 1809-1882. Rio de Janeiro: Contraponto, 2000.

DILLINGER, Mike. O ensino gramatical: uma autópsia. In: SEMANA DE ESTUDOS DE LÍNGUA PORTUGUESA, 1, 1993. Belo Horizonte: Departamento de Letras Vernáculas, Faculdade de Letras da UFMG, 1995, v. 1, pp. 31-65.

EDITORA ABRIL. *Manual de estilo*. 15. ed. Rio de Janeiro: Nova Fronteira, 1990.

ELIA, Sílvio. A contribuição lingüística do Modernismo. In: *Ensaios de filologia*. Rio de Janeiro: Acadêmica, 1963, pp. 87-146.

FARACO, Carlos Alberto; TEZZA, Cristóvão. *Prática de texto*: língua portuguesa para nossos estudantes. Petrópolis: Vozes, 1992.

FERREIRA, Aurélio Buarque de Holanda. *Novo dicionário da língua portuguesa*. Rio de Janeiro: Nova Fronteira, 1975.

FRANCHI, Carlos. *Criatividade e gramática*. São Paulo: Secretaria da Educação/Coordenadoria de Estudos e Normas Pedagógicas, 1987. Mimeografado.

_____. Mas o que é mesmo "gramática"? Mimeografado.

FRANCHI, Eglê. *A redação na escola*. São Paulo: Martins Fontes, 1998.

FREINET, C. *O método natural de gramática*. Lisboa: Distribuidora Nacional de Livros, 1978.

GARCIA, Othon M. *Comunicação em prosa moderna*. 2. ed. Rio de Janeiro: Fundação Getúlio Vargas, 1969

GEBARA, Ester; ROMUALDO, Jonas de Araújo; ALKMIM, Tânia Maria. A lingüística e o ensino de língua materna. In: GERALDI, João Wanderley (Org.). *O texto na sala de aula*: leitura & produção. 2. ed. Cascavel: Assoeste, 1984.

GERALDI, João Wanderley. Prática da leitura de textos na escola. In: GERALDI, João Wanderley (Org.). *O texto na sala de aula*: leitura & produção. 2. ed. Cascavel: Assoeste, 1984, pp. 77-88.

_____. *Portos de passagem*. São Paulo: Martins Fontes, 1991.

GNERRE, Maurício. *Linguagem, escrita e poder*. São Paulo: Martins Fontes, 1985.

GONÇALVES FILHO, Antenor Antônio. *Língua portuguesa e literatura brasileira*. São Paulo: Cortez, 1990.

HAUY, Amini Boainain. *Da necessidade de uma gramática-padrão da língua portuguesa*. São Paulo: Ática, 1983.

ILARI, Rodolfo. *A lingüística e o ensino da língua portuguesa*. 4. ed. São Paulo: Martins Fontes, 1997.

LEME, Odilon Soares. *Tirando dúvidas de português*. São Paulo: Ática, 1995.

LESSA, Luiz Carlos. *O modernismo brasileiro e a língua portuguesa*. Rio de Janeiro: Fundação Getúlio Vargas, 1966.

LIMA, Carlos Henrique Rocha. *Gramática normativa da língua portuguesa*. 15. ed. refund. Rio de Janeiro: José Olympio, 1972.

LIMA, Rosângela Borges. *Estudo da norma escrita brasileira presente em textos jornalísticos e técnico-científicos*. Belo Horizonte: Faculdade de Letras da UMFG, 2003. Tese de Doutorado (Lingüística).

LOPES, Harry Vieira. A alfabetização prossegue: uma experiência com a 5.ª série. In: MURRIE, Zuleika de Felice (Org.). *O ensino de português*: do primeiro grau à universidade. 4. ed. São Paulo: Contexto, 1998, pp. 43-56 (Coleção Repensando o Ensino).

LOUZADA, Maria Silvia Olivi. O ensino da norma na escola. In: MURRIE, Zuleika de Felice (Org.). *O ensino de português*: do primeiro grau à universidade. 4. ed. São Paulo: Contexto, 1998, pp. 11-21 (Coleção Repensando o Ensino).

LUFT, Celso Pedro. *Língua e liberdade*; por uma nova concepção da língua materna. 2. ed. ref. e ampl. São Paulo: Ática, 1993.

MALARD, Letícia. Leituras maravilhosas. *Estado de Minas*, 15 abr. 2000, Caderno Pensar, p. 1.

MEDEIROS, João Bosco; GOBBES, Adilson. *Dicionário de erros correntes da língua portuguesa*. 2. ed. São Paulo: Atlas, 1998.

MEURER, José Luiz. Esboço de um modelo de produção de textos. In: MEURER, José Luiz; MOTTA-ROTH, Désirée (Org.). *Parâmetros de textualização*. Santa Maria: Ed. da UFSM, 1997, pp. 13-28.

MINISTÉRIO DA EDUCAÇÃO. *Parâmetros Curriculares Nacionais*: língua portuguesa. 2. ed. Rio de Janeiro: DP & A, 2000, v. 2.

MURRIE, Zuleika de Felice (Org.). *O ensino de português*: do primeiro grau à universidade. São Paulo: Contexto, 1992.

NEVES, Maria Helena de Moura. *Gramática na escola*. São Paulo: Contexto, 1990.

_____. *Que gramática estudar na escola?* Norma e uso na língua portuguesa. São Paulo: Contexto, 2003.

NICOLA, José de; TERRA, Ernani. *1001 dúvidas de português*. 6. ed. São Paulo: Saraiva, 1968.

OLIVEIRA, Édison de. *Todo o mundo tem dúvida, inclusive você*. 5. ed. Porto Alegre: Sagra Luzzatto, 1995.

PÉCORA, Alcir. *Problemas de redação*. 4. ed. São Paulo: Martins Fontes, 1992.

PESSOA, Fernando. *Poesias de Álvaro de Campos*. Lisboa: Ática, 1964 (Coleção Poesia. Obras completas de Fernando Pessoa, v. II).

PERINI, Mário A. *Para uma nova gramática do português*. São Paulo: Ática, 1985 (Série Princípios).

_____. *Sofrendo a gramática*. São Paulo: Ática, 1997.

_____. *A língua do Brasil amanhã e outros mistérios*. São Paulo: Parábola, 2004.

PIMENTA, Reinaldo. *Português urgente!* Método simples e rápido para escrever sem errar. Rio de Janeiro: Campus, 1998.

PINTO, Edith Pimentel (Org.). *O português do Brasil*: textos críticos e teóricos. São Paulo: Edusp, 1981, 2 v.

PODANOVSKI, João. *Gramacetes*. São Paulo: Meta, 1995.

POSSENTI, Sírio. *Por que (não) ensinar gramática na escola.* Campinas: ALB/Mercado de Letras, 1997.

PROENÇA FILHO, Domício. *A linguagem literária.* São Paulo: Ática, 1986 (Série Princípios).

RAMOS, Jânia. *O espaço da oralidade na sala de aula.* São Paulo: Martins Fontes, 1997.

ROCHA, Luiz Carlos de Assis. Por que ensinar gramática? In: SEMANA DE ESTUDOS DE LÍNGUA PORTUGUESA, Anais, 1, v. II, Belo Horizonte: Faculdade de Letras da UFMG, 1979, pp. 19-29.

_____. Guimarães Rosa e a terceira margem da criação lexical. In: MENDES, Lauro Belchior; OLIVEIRA, Luiz Cláudio Vieira de (Org.). *A astúcia das palavras.* Belo Horizonte: Editora da UFMG, 1998a, pp. 81-100.

_____. *Estruturas morfológicas do português.* Belo Horizonte: Editora da UFMG, 1998b.

_____. Norma culta escrita: tentativa de caracterização. In: MENDES, Eliana Amarante de Mendonça; OLIVEIRA, Paulo Motta; BENN-IBLER, Veronika (org.). *Revisitações*; edição comemorativa – 30 anos da Faculdade de Letras da UFMG. Belo Horizonte: Faculdade de Letras da UFMG, 1999, pp. 119-42.

_____. Pelo letramento ameaçado. *Revista de Estudos da Linguagem,* v. 10, n. 2, Faculdade de Letras da UFMG, jul./dez. 2002, pp. 7-61.

ROCHA, Vanderléa Martins da. Produção de textos no 1º e 2º graus – a necessidade de separar o português padrão do português literário. In: SEMANA DE ESTUDOS DE LÍNGUA PORTUGUESA, Anais, 1, v. II, Belo Horizonte: Faculdade de Letras da UFMG, 1979, pp. 57-9.

ROSA, João Guimarães. *Grande sertão: veredas.* 5. ed. Rio de Janeiro: José Olympio, 1967.

SANTOS, Emmanoel dos. *Certo ou errado?* Atitudes e crenças no ensino da língua portuguesa. Rio de Janeiro: Graphia, 1996.

SENA, Wagner da Rocha. *Contribuição ao estudo da norma culta escrita do português do Brasil.* Rio de Janeiro: PUC, 1986 (Mestrado em Letras – Língua Portuguesa).

SILVA, Rosa Virgínia Mattos e. *Contradições no ensino de português.* São Paulo: Contexto, 1995 (Coleção Repensando a Língua Portuguesa).

_____. *O português são dois...*: novas fronteiras, velhos problemas. São Paulo: Parábola, 2004.

SOARES, Magda. *Linguagem e escola*; uma perspectiva social. 10. ed. São Paulo: Ática, 1993.

_____. Letrar é mais que alfabetizar. *Jornal do Brasil*, Rio de Janeiro, 26 nov. 2000. Caderno Educação & Trabalho, pp. 1-2. Entrevista a Eliane Bardanachvili.

THEREZO, Graciema Pires. *Como corrigir redação*. 2. ed. rev. e ampl. Campinas: Alínea, 1997.

TRAVAGLIA, Luiz Carlos. *Gramática e interação*: uma proposta para o ensino de gramática no 1º. e 2º. graus. São Paulo: Cortez, 1996.

_____. Ensino de língua materna – Gramática e texto: alguma diferença? *Letras & Artes*, Uberlândia, 14(1), pp. 171-9, jul./dez. 1997.

_____. *Gramática*: ensino plural. 2. ed. São Paulo: Cortez, 2004.

TRAVAGLIA, Luiz Carlos; ARAÚJO, Maria Helena Santos; PINTO, Maria Teonila de Faria. *Metodologia e prática de ensino da língua portuguesa*. Porto Alegre: Mercado Aberto, 1984.

VAL, Maria da Graça Costa. *Redação e textualidade*. São Paulo: Martins Fontes, 1991.

_____; ROCHA, Gladys. *Reflexões sobre práticas escolares de produção de texto*: o sujeito-autor. Belo Horizonte: Autêntica, 2005.

VERSIANI, Ivana. Para a sintaxe de *Grande sertão: veredas* – valores do subjuntivo. In: COELHO, Nelly Novaes; VERSIANI, Ivana. *Guimarães Rosa*. São Paulo: Quíron, 1975, pp. 77-142.

VIEIRA, Alice. Prática de ensino de português: nos domínios da teoria. In: MURRIE, Zuleika de Felice (Org.). *O ensino de português*: do primeiro grau à universidade. 4. ed. São Paulo: Contexto, 1998, pp. 89-98.

VILELA, José Fernandes. Por que ensinar gramática. In: SEMANA DE ESTUDOS DE LÍNGUA PORTUGUESA, 1, 1993. Belo Horizonte: Departamento de Letras Vernáculas, Faculdade de Letras da UFMG, 1995, v. II, pp. 35-8.

VOCÊ SA. Para quem tem ambição. São Paulo: Ed. Abril, n. 22, ano 3, abr. 2000.

WELLEK, Renê; WARREN, Austin. *Teoria da literatura*. Lisboa: Publicações Europa-América, [s.d.] (Coleção Biblioteca Universitária).

ZAGURY, Tania. *Sem padecer no paraíso*; em defesa dos pais ou sobre a tirania dos filhos. 9. ed. Rio de Janeiro: Record, 1991.

ZANDWAIS, Ana. Gramática e ensino: pressupostos teóricos e metodológicos. *Organon*, Porto Alegre: Instituto de Letras da UFRGS, v. 11, n. 25, 1997, pp. 111-7.

Orgrafic
Gráfica e Editora
(11)6522-6368